文庫

「論語」の話

吉川幸次郎

筑摩書房

目次

「論語」の話

点線は孔子の遍歴した道程

第一回　はじめに――「論語」とはどんな書物か

皆さん、おはようございます。私はこれから一か月間、八月の末までであります が、「論語」についてお話をいたします。

「論語」という書物の名前は、われわれ日本人の耳にたいへん親しいものであると思います。たとえ、その書物をお読みになったことがない方でも、名前だけは御存じであろうと思います。中国の書物の中で、これほど日本で有名な書物はないでありましょう。「唐詩選」「水滸伝」あるいは魯迅の「阿Q正伝」など、これも相当有名でありますが、「論語」の有名さには及ばないと思われます。

このことは、「論語」という書物がいまから半世紀ばかり前の明治年間までは、日本で最も広く読まれた中国の書物であったということに原因すると思います。それはあるいは、中国の書物であることが忘れられて、民族の古典として広く読まれたといえます。

単に読まれたばかりではありません。少なくとも徳川時代におきましては、知識人といわれる人たちは、この書物の全文を、あるいは全文でなくとも少なくとも大部分を、暗誦することができたと思います。

　この書物の一番初めにありますのは、「子曰、学而時習之、不亦説乎、有朋自遠方来、不亦楽乎、人不知而不慍、不亦君子乎」〈子曰わく、学びて時に之れを習う、亦た説ばしからずや、朋有り遠方自り来たる、亦た楽しからずや、人知らずして慍まず、亦た君子ならずや〉という、孔子の学問論であります。次いで第二章は、孔子の弟子であります有若という人のことばでありまして、「有子曰、其為人也孝弟、而好犯上者鮮矣、不好犯上、而好作乱者、未之有也、君子務本、本立而道生、孝弟也者、其為仁之本与」〈有子曰わく、其の人と為りや孝弟にして、上を犯すを好む者は鮮なし、上を犯すを好まずして、乱を作すを好む者は、未まだ之れ有らざるなり、君子は本を務む、本立ちて道生ず、孝弟なる者は、其れ仁の本為るか〉。この有若のことばの大体の意味は、親に対する孝行と兄弟の仲のよさという家庭の中の秩序、それが人道の基本であるという主張であります。さらにまた第三章は、再び孔子のことばでありまして、「子曰、巧言令色鮮矣仁」〈子曰わく、巧言令色鮮なし仁〉。巧妙なことば、したり顔、そうした中に人道はあまりない、そういう意味のことばであります。以下、大体五百章ばかり、宋の朱

子という この書物の最も権威的な注釈を書きました中国の学者の数え方によりますと四百九十八章、その他学者によって多少数え方に差異がありますが、要するに五百章ばかり、大体はこうした短い断片的といえば断片的なことば、それは孔子自身のことばでありましたり、あるいはまた孔子の弟子たちのことばでありましたり、あるいは孔子自身の行動あるいは弟子たちの行動、それらを記録したものでありまして、ひっくるめていえば、孔子を中心としてその周辺の人たちの言行録というのが、この書物を簡単に要約した性質であります。

そうした五百ばかりの短い文章、その最後は孔子のことばでありまして、「子曰、不知命、無以為君子也、不知礼、無以立也、不知言、無以知人也」〈子曰わく、命を知らざれば以って君子と為す無きなり、礼を知らざれば以って立つ無きなり、言を知らざれば以って人を知る無きなり〉でありますが、そこまでの部分を徳川時代の人でありますならば、知識人といわれるほどの人は、大体みな暗誦できたのであります。

徳川時代、江戸時代というのは、御承知のとおりたいへん漢学の盛んな時代でありましたが、その漢学の代表者、というよりも当時の日本の学問の代表者であり指導者でありました林羅山、新井白石、伊藤仁斎、その子供の伊藤東涯、荻生徂徠というふうな一流の人たちはいうまでもありません、二流、三流の学者たちも、すべてこの書物を読み、暗誦していたでありましょう。幕府の大学でありますのは東京の湯島にありました昌平坂学問所、中国風の呼び名では昌平黌（しょうへいこう）と申します。それが中央の国立の大学でありましたが、そこを初めといたしまして、各藩にありました藩立の大学、たとえば水戸の弘道館、長州の萩の明倫館、あるいは熊本の時習館、そうした藩立の大学はいずれもやはり漢学を教科の中心とするものでありました。そこの先生たちはいうまでもありません、学生たちも、最も重要な教科書の一つは「論語」でありまして、すべてこの書物を暗誦していたと思います。またそうしたさむらいを生徒といたしますところの学校ばかりではなく、町の私塾、寺子屋でも、やや進んだ課程の教科書は「論語」でありました。ですから町人の中でも学問のある人は、やはり「論語」の少なくとも幾つかの章を暗記していたと思います。あるいは暗記はできなくても、少なくとも「論語」という書物そのものだけは、いかなるさむらいの家にも、また町人の家にも、やや余裕ある家には、必ず蔵書としてあったでありましょう。

そうした「論語」の広い普及を別の面から示すものとして、本居宣長の場合をお話してみましょう。本居宣長は御承知のように国学者でございます。江戸時代、漢学があまりに盛んでありましたのに対する反撥として興りましたところの、いわゆる国学の大家であります。そうして中国的な思想に反撥して、日本文明の独自性を主張した学者なのでありますが、しかし彼も江戸時代の人であります。国学をやる前には漢学をやっておりましたので、「論語」はむろん非常によく読んでいたと思われます。宣長の随筆で「玉勝間」というのがありますが、その巻の十四を読みますと、「論語」を取り上げまして批判を加えております。

その幾つかを御紹介いたしますと、一つは、「子曰、孰謂微生高直、或乞醯焉、乞諸其鄰而与之」〈子曰わく、孰か微生高を直しと謂うや、或るひと醯を乞えるに、諸れを其の隣りに乞うて之れに与えたり〉という条であります。この条の意味は、これも孔子のことばでありますが、孔子が微生高という人物を批評したものでありまして、微生高というのはたいへん正直な人物だとして当時評判が高かった。ところが孔子は彼を批評して申しました。彼微生高を正直な人物だなどとだれがいうのか。彼は正直者ではない。何となれば、ある日彼の家へ酢を借りに来た男があった。お料理に使う酢であります。きょう、うちはちょっと酢を切らしましたから貸していただけませんかと、微生高のうちへ頼みに来た人がいた。ところがちょうどそのとき、微生高の家でもあいにくお酢を切らせていたので、微生高はその隣りの家へ行ってお酢を借りて来てそれをその男にやった。これは不正直な行為である。一見、彼はたいへん親切な好意に富む人物のように見えるけれども、しかし自分のところにもお酢がなければむしろあっさりと断わったがいい。隣りの家から借りて来て、その人にやるというのは、八方美人的ないい顔をしたい、そういう虚偽の好意に近づく、だから彼は正直者ではないというのが、孔子の批評であったのであります。

この章は、私どもから見ますと、やはりたいへん重要な教訓を含んでいると思います。われわれは人さまからいろいろなことを頼まれますが、しかしたいへんむつかしい事柄、自分ではとてもそれをやる自信がない事柄、それはむしろお断わりをしたほうが、自己に対しても忠実であり相手に対しても忠実であると、そういうふうな教訓を含んでいると、私などは考えますが、宣長はこの条を批評して次のように申します。「玉勝間」の中で次のように申しております。孔子という人はあまりにも神経質過ぎる人である。人が酢を借りに来たとき隣りへさらに借りに行ったというふうなことは、元来非常に小さな事柄である。そうした小さな事柄を取り上げて微生高の人柄を批評しているというのは、これはあまりにも神経質である。「聖人の教の刻酷（こくこく）なること、かくのごとし」。刻酷というのはこまか過ぎる、冷酷すぎるというふうな意味ですが、「刻酷なること、かくのごとし。これらはただいささかの事にて、さしも直からずといふべきほどの事にあらず。かほどの事をさへ直からずといひてとがむるは、あまりのことなり」。またたとえこのこと自体は不正直な行為であるといえるかもしれない、しかしただこの事柄だけを取り上げて微生高の人格全体を不正直なものというのは、一そう妥当でないというふうに、宣長は批評しております。

さらにまたもう一条についても、宣長は批評いたしております。こういう一条であります。詳しい説明はまたいつかの機会にするといたしまして、きょうはその本文だけを読みますと、「厩焚、子退朝曰、傷人乎、不問馬」〈厩焚けたり、子、朝より退きて曰わく、人を傷つけたりやと、馬を問わず〉という条であります。〈厩焚けたり〉と申しますのは、孔子の家の馬小屋に火事がいったことであります。そのころの孔子は、彼の祖国であります魯という国の内閣の一員でありましたが、政府に出勤しております間に家のうまやに火事がいきました。勤務を終えまして政府から家へ帰って参りました孔子は尋ねました。人間にけがはなかったか、〈人を傷つけたりや〉と、ただそれだけ尋ねて、〈馬を問わず〉馬が焼け死んだかどうか、馬のことは尋ねなかったというのが、「論語」のもとの意味なのであります。これは孔子の人間尊重の精神をあらわす章と普通にいわれているのでありますが、ところが宣長はこれに対しても批評を加えております、あるいは非難を加えております。これは非人情もはなはだしい。人間は大事である、しかしながら人間は火事がいったといってめったに焼け死ぬものではない。それに対して馬のほうはこれは動物だから、火事がいっても逃げ出すことを知らずに焼け死ぬこともあるだろう、それに馬のほうは尋ねずに人間にけがはなかったか、それだけ尋ねたというのは、非人情もはなはだしいものである、そういうふうに非難をいたしまして、かつ申しますには、この最後の〈馬を問わず〉という三字、中国語の原音で申しますならば「不問馬（ブウエヌマア）」bù wèn mǎ という三字、これは「論語」の筆録者たちが孔子という人はいかに人間を尊重する人であったかということを強調するために書き加えた三字であるけれども、この三字は書き加えなかったほうがもっとよかったろう、というふうな批評を発しております。

　ところでこの宣長という人は、そもそもの態度が日本文明の独自さを主張したいという立場から、中国の本をもよく読んでいたのでありますとともに、中国の本に対してはことさらにけちをつけるようなところがありまして、以上の二条もどうもそれに属するように私は思います。私は宣長の学問をたいへん実は尊敬するものなのでありますけれども、この二条に関します限りは、坊主憎けりゃけさまで憎いような感じが、少しいたさないでもないのでありますが、いま私が申したいことは、やはり宣長なんかも「論語」をたいへんよく読んでいたということなのであります。ことにその批評が本文批評と申しますか、その文章の書き方までに及んでいる、すなわち「不問馬」という三字はないほうがこの書物としてもよかろうということをいっておりますのは、これやはりよほどよく「論語」を読んだということを示すものと思います。

江戸時代の人はそのようでありましたが、その余勢は明治の時代にも及んでいるのでありまして、明治の文明の最初の基礎を置いた一人であります福沢諭吉、この人は西洋の文明を日本に導入することが、当時の日本の国家のためには何よりも必要であるという主張から、中国風の思考に対してはげしく反撥し、攻撃した人でありますが、しかしこれは福沢さん御自身もおっしゃっておりますように、この福沢さんという方も元来はたいへん漢学をやられた人なのであります。そうして、漢学の出発点は「論語」にありましたから、「論語」という書物はこれまたやはりいやというほどお読みになって暗誦していられたこと、疑いがないと思います。さらにまた夏目漱石、森鷗外というふうな明治の文明の担当者である方方、あるいは内村鑑三さんその他キリスト者の方方、みな「論語」は子供のころからたたき込まれて暗誦しておられたと思います。また山県有朋という人がありますが、有朋という名前、これは自分でつけられたものでありましょう。初めは狂介ですか、何ですか、そういう名前であったのが、偉くなられそうになってから有朋という二字を選ばれたのでありましょうが、この有朋という二字は、「論語」の第一章のさっき申しました「有朋自遠方来、不亦楽乎」〈朋有り遠方自り来たる、亦た楽しからずや〉その〈有朋〉の二字をとって自分の名前にされたのであります。こういうふうにわれわれのごく近い過去まで国民必読の書物であったということが、「論語」という書物を、少なくともその名前だけはわれわれの耳に親しいものにしているのであります。

また少し歴史をさかのぼってみますと、日本に輸入されました中国の書物の中で一番早いもの、それはやはり「論語」であったのであります。

きょうは時間がなくなりましたから、お話をそこまでにいたしますが、これは書物についてのお話でありますからテキストをお備え願ったほうが便利であります。「論語」のテキストは、近ごろいろいろ出ておりますから、それらをできればお備えくだすったほうが、より便利であると思います。

では、きょうは中途になりましたが、日本における「論語」の読まれ方の歴史というふうなことを、明日は申し上げたいと思います。では、また明日。

第二回　「論語」が読まれてきた理由

皆さん、おはようございます。きょうは「論語」という書物が日本でどういうふうに読まれてきたかということを、もう少し詳しくお話することから、お話を始めたいと思います。

歴史をさかのぼりますと、日本にもたらされました中国の書物で一番早いものは、「論語」ということになっております。それは「古事記」にそのことが書いてあるのであります。「古事記」の応神天皇の巻でありますが、当時朝鮮半島にありました百済から日本の政府の招聘によりまして和邇吉師という学者が参りまして、その和邇吉師が二つの書物をもってきて、日本の朝廷に献上した。二つの書物の一つはすなわち「論語」であり、もう一つは「千字文」であったということが、書いてあります。「古事記」の初めのほうの部分は、すべてにわたりましてどこまでが歴史事実であるかどうか、近ごろの学者が疑問とするところであります。この記載も必ずしもそのままの事実ではないにしましても、やはり何ほどかの真実を含むと思います。応神天皇のときであるかどうかは別といたしまして、「論語」が早く日本へ渡った中国の書物である、あるいは中国の書物の中で最も早く輸入されたものであるということは、事実であろうかと思われます。

と申しますのは、これからだんだんお話をしていく間に明らかになるかと思いますが、中国の古典の中で「論語」という書物は、文章が一番読みやすい、やさしい、初めて中国の文献に接します日本人にも読みやすいという点、それからまたこの書物の内容がすぐれているという点からも、そういうことが考えられるのであります。

しかしながら日本の文明の早い部分におきましては、この書物がどれほど読まれましたか、江戸時代以後におけるように広く普遍に民族の古典であったかと申しますと、その点は少し吟味を要します。奈良朝、平安朝の時代におきましては、この書物はおそらくまだ最も重要な古典ではなかったろうと思われます。と申しますのは、奈良朝以後になりますと、中国の書物はいろいろなものが大量に日本にもたらされるのでありますが、当時の日本におきます中国古典研究、これはやはりそのころの中国自体における古典研究の学風の影響のもとにあったからであります。

すなわち、中国の古典研究の学風は、唐の時代まで、日本で申せば奈良朝時代まで、つまり八、九世紀のころまでと、以後では、差違があります。人類の教師としての孔子の位置は早くから確定しており、唐以前でもそうであります。しかし唐までの孔子尊重は、孔子その人を尊重するというよりも、むしろ孔子が尊重したものを孔子とともに尊重しよう、そういう学風にあったのであります。孔子が尊重したものというのは何かと申しますと、いわゆる「五経」であります。易、書、詩、礼、春秋の五つでありますが、それらは人間の法則なりあるいは人間を包みます世界の法則について、孔子以前に発生いたしましたことばの中から、直接には孔子が弟子たちの教科書として、また間接には未来永遠の人類の教科書としての意識をもって孔子が編集したという五つの書物、それがいま申しました易、書、詩、礼、春秋の五つの古典、「五経」なのでありますが、それを勉強することがまず第一でありました。つまり孔子が尊重したものを孔子とともに尊重しよう、それに対しまして孔子及びその弟子たちの言行をしるしました「論語」、これは副読本的な位置にあったのであります。

中国においても、中ごろの唐時代まではそうであったのでありまして、奈良朝、平安朝の日本の漢学あるいは儒学と申しますか、日本の中国古典研究も、その影響のもとにあったのであります。奈良朝の学校制度を定めました「令」を読みますと、国立大学の教科として「論語」はむろんございます。しかし最も重要なのは「五経」であって、「論語」は副読本的な位置を占めております。でありますから、奈良朝、平安朝の一流の文化人、すなわち弘法大師、伝教大師、菅原道真、あるいは宇治の悪左府頼長、信西入道通憲、そういうふうな一流の文化人、これはむろん「論語」をいやというほど読んだでありましょう。またおそらく暗誦もしていたでありましょう。現に菅原道真の自筆と伝えられます「論語」の写本がございます。ほんとうに道真が書いたものかどうか、それは疑問でございますが、そういわれる写本なども伝わっております。そういうふうに一流の文化人は、「論語」を「五経」の副読本として読んだでありましょうが、さてたとえば紫式部ですね、紫式部はなかなか漢学も通でありました。ことに「史記」などはよく読んでいた。司馬遷（しばせん）の「史記」ですね。ああした中国の歴史の書物はよく読んでいたといいます。そうして「論語」も読まなかったではないでありましょうけれども、どれほど読んでいたかは少し疑問です。「源氏物語」の中には、いろいろ中国の書物の影響がありまして、そのことは近ごろ東京女子大学の丸山キヨ子さんにたいへん詳しい研究があるのでありますが、「論語」からの引用あるいはその影響と思われるものは、どうも「源氏物語」の中に見当たらないようであります。これは「論語」という書物の性質が、小説には影響を及ぼしにくいという、そういう点もありましょうが、そればかりが原因ではないかもしれません。

ところが日本の儒学は、足利時代ごろからだんだん変化を起こしかけます。これはやはり中国自体の儒学、古典研究の変化の影響でありまして、中国では宋の時代ですね、十一世紀から十二世紀にかけまして、古典学と申しますか儒学と申しますか、それに大きな変革が起こります。すなわち従来は孔子が尊重したものを孔子とともに尊重する、だから「五経」を中心とするということでありましたのが、孔子自身を尊重するというふうに態度が変わって来るのであります。そういたしますと「論語」という書物は、最も重要な書物になります。この改革は、いわゆる「宋学」あるいは「理学」というふうに呼ばれます宋の哲学者たちによって行なわれたのでありまして、その中心になりましたのは朱子、実名で申しますと朱熹という哲学者であります。彼は西暦で申しますと、ちょうど一二〇〇年という、たいへん記憶しやすい年に七十三歳でなくなっておりますが、大たい源頼朝と同時代であります。この人が古典学改革の中心であります。そうして従来から尊重されて来ました「五経」のほかに、四つの古典というものを新しく選択し直しました。それがすなわち「四書」であります。その「四書」のうちでも、ことに中心になるのが「論語」であります。この改革以後、中国でも「論語」は一そう広く読まれる書物になったのであります。

それまででも、むろん読まれていなかったわけではありません。これは唐のころでありますから、朱子より四五百年前のことでありますが、唐の杜甫の詩を読みますと、杜甫が四川省のあるいなか町におりましたころの詩に、この土地はたいへんないなかであって、若者たちの読む本といえば「論語」がせいぜいであると、ある詩の中でいっております。せいぜいであるとは申しておりますものの、「論語」だけはそうした四川省の山あいのいなか町の若者も読んでいたということは、朱子が改革を行ないます前から、この書物が単に知識人たちの読みものであるだけでなしに、いなかの寺子屋の教科書でもあったことを示しているわけであります。それをば十二世紀の朱子が、「四書」のトップとして特に尊重いたしましてからは、一そう広く民族の古典として、中国でもまず第一に読むべき書物となりました。単に知識人ばかりではありません、町の人たちも農村の人たちも、文字を知る限りの人たちは、まず初めに「論語」を読むという風習が、近い過去千年足らずの中国には非常に普遍にあったのであります。でありますから、中国の人ならば、少なくともこの近い過去の千年以来の人人で、文字を知っている中国人である限り、「論語」を読まない人はなかった、そういうふうに申せるのであります。

そうした状態は現在の中国にもむろんあるのでありまして、中国の知識人の人人、これは政治家をも含めまして、「論語」を、少なくともいまの時点においては、みんな暗誦している。魯迅も「論語」を暗誦していたでありましょう、郭沫若さんもそうでありましょう、蔣介石さんもそうでありましょう、毛沢東さんもそうでありましょう、周恩来さん、劉少奇さん、みな「論語」は大体暗誦していられると、私はにらんでおります。現にまたそれらの方方の書物の中に、ときどき「論語」の引用が見えるのであります。

お話が少し先のほうへ行ってしまいましたが、引き返しまして、十一、十二世紀ごろからおこりました中国におけるそうした改革が、日本にもだんだん影響を及ぼしてくるのでありまして、日本での情勢が確立いたしましたのは、江戸時代であります。江戸時代の政治というのは、その創設者であります徳川家康が、朱子の学問ですね、さっき申しました「論語」を人間の教えとして最も尊重する朱子の学問を、林羅山その他を顧問といたしまして、国教的な地位に据えたのであります。それ以来日本の儒学、江戸時代の儒学も「朱子学」を中心としたということは、別のことばでいえば「論語」を中心としたということなのであります。そこに昨日申しましたような「論語」が非常に広く読まれるという状態が、日本でもいよいよ決定的なものとなったのであります。

こうして「論語」は中国でも日本でも非常に広く読まれた、それはまた中国、日本だけのことではありません。漢字の文明の及びます地域ではどこでも同じ状態があったわけであります。朝鮮においてもそうであります。またベトナムも、これは漢字地域であった時期が非常に長いのでありますが、そこにおいてもそうであったでありましょう。つまり極東における非常に広い地域における古典であった。ということは、そこには全く政治の意思が働かなかったとは申せないでありましょう。「論語」という書物は、これからもだんだん申しますが、人間の秩序をたいへん尊重する書物であります。そうして秩序のためには、社会の構成にも階級の存在ということが必須であるとします。もっともその階級というのは、必ずしも過去の日本におきますような世襲の階級ではない、政治は知識人によってとられるべきだとし、そうした知識による階級が、社会の構成のためにはどうしてもなければならないという、そういう主張を含んでおります。また家庭内におきましても、昨日申しました「孝弟也者、其為仁之本与」〈孝弟なる者は、其れ仁の本為るか〉と申しますように、孝行あるいは兄弟の間の愛情というふうな、家庭内の秩序ですね、それをたいへん尊重するという思想を含んでおります。これは過去の為政者にとってはたいへん都合のいいことで、江戸時代に「朱子学」を国教といたしました徳川家康なんかには、そういう考えが全然なかったとは申せないでありましょう。そういう点もたしかにございます。それからまたきょうのお話の初めに申しましたが、この書物の文章はたいへん読みやすい。皆さんはたいへんむずかしい本のようにお思いになるかもしれませんけれども、第一この書物が使っております漢字の総数は、千六百字です。いまの当用漢字より少ない。ということは、この書物の読みやすさを示しておりますが、そういう読みやすい書物であるということも、一つの原因でありましょう。しかしながら、この書物がこんなに広く長く読まれてきたということのほんとうの原因は、もっと別のところに考えなければならないと思います。

それは人間として最も重要なこと、それは人と人との間にある愛情、その愛情を増大してお互いが生きていくこと、それこそ人間の義務であるとする。そうした愛情の義務を「論語」の中では〈仁〉ということばで申しております。そうした愛情の義務こそ人間の使命である、そういう主張、それが深く人に訴える。またそうした愛情の義務をもって人間が生きていかなければならないということは、強い理想主義であります。そうした理想主義の書物としておそらく極東において最もすぐれた書物であるということが、この書物が多くの読者をもちつづけてきた一番根本の原因であるでありましょう。

といって、この書物は決して飛び離れた神秘的なことは説いていない。愛情の重要さを説く資料といたしますのは、すべて日常の事柄であります。昨日申しましたように、お酢を貸してくださいといってきた、そのときにうちに酢がなければそれはむしろ断わったほうがよろしい、ちょっとお待ちくださいといって隣りの家へ行ってお酢を借りてきてそれを渡すというのは、かえって不正直な行為であるというふうな、たいへん日常的な事柄ですね、それについて、あるいはそれをもととしての論理なり教訓がこの書物の中心になっている。しかもそうした日常の事柄を題材とするのに終始しながら、そこには強い理想主義が説かれているということが、この書物が広く読まれて来た一ばんの原因であるように思います。ということは、この書物はこれからも長く読み続けられるべき性質をもっているということになるでありましょう。それらの点を中心にして、私は以後お話を進めてゆきたいと存じます。では、きょうはそこまでにいたします。

第三回　孔子の生まれ

皆さん、おはようございます。昨日私は「論語」という書物が、中国でも日本でも、あるいはその二つの国ばかりではありません、漢字地域であります朝鮮におきましてもあるいはベトナムにおきましても、非常に長い期間にわたって最も広く読まれた書物である。ある中国の人が、宋以後の中国で一番たくさん読まれた書物、それは「三国演義」という歴史小説、それと「論語」であろうということをいっておりますが、そのとおりだと思います。また日本でも江戸時代におきましては、知識人は、ある程度以上の知識をもった人は、「論語」の一番初めの「子曰、学而時習之、不亦説乎、有朋自遠方来、不亦楽乎、人不知而不慍、不亦君子乎」〈子曰わく、学びて時に之れを習う、亦た説ばしからずや、朋有り遠方自り来たる、亦た楽しからずや、人知らずして慍まず、亦た君子ならずや〉から始まりまして、一番おしまいの「子曰、不知命、無以為君子也、不知礼、無以立也、不知言、無以知人也」〈子曰わく、命を知らざれば、以って君子と為す無きなり、礼を知らざれば、以って立つ無きなり、言を知らざれば、以って人を知る無きなり〉に至りますまでの五百章ばかりを暗誦し得た。明治になりましても、「論語」を表面は一番おきらいになった福沢諭吉氏もそうであったでありましょうし、夏目さん、森鷗外さんも、大たいは覚えていらした。また中国におきましては、中国の人の読み方なれば、一番初めの、子曰、学而時習之、不亦説乎、有朋自遠方来、不亦楽乎、人不知而不慍、不亦君子乎から、一番おしまいの子曰、不知命、無以為君子也、不知礼、無以立也、不知言、無以知人也までを、これは現在の中国でも、ある年齢以上の方は全部覚えていらっしゃるだろう。それは政治家の方方もそうであって、蔣介石さんにしても毛沢東さんにしてもそうであろうと、きのう申しましたときに、向かいにすわっていらした放送局の方がちょっと首をかしげて不思議そうな顔をなさいました。あるいは聴取者の方方の中にも、蔣介石さんのほうはともかくとして、毛沢東さんはマルクス・レーニン主義だから、こんな古くさい書物はお読みになってないだろうという疑いをおもちになる方が、あるかもしれません。それで私友だちに確かめてみましたところ、友だちは毛沢東さんの書物の中から「論語」を引いてあるところをいろいろと教えてくれました。一九三〇年に書かれた「本本主義に反対す」というのの中には、こういう一条がございます。ちょっと読んでみますと、「君の両足を大きく開いて、君の工作する範囲のどのところへも歩きまわらなければならない、その態度は孔子のあの態度を学べ、〈孔子の事ごとに問う〉という、あの態度を学べ」。そうした意味のことをいっていられるのであります。そのうち「孔子の〈事ごとに問う〉」と申しますのは、ほかならぬ「論語」のことばであります。「論語」の第三篇を「八佾」と申しますが、その「八佾」篇にこういう条があります。「子入大廟、毎事問、或曰、孰謂鄹人之子知礼乎、入大廟、毎事問、子聞之曰、是礼也」〈子、大廟に入りて、事毎に問う、或るひと曰わく、孰か謂う鄹人の子は礼を知ると。大廟に入りて、事毎に問うと。子之れを聞きて曰わく、是れ礼なりと〉、孔子があるとき、その祖国であります魯の国の君主の先祖を祭りました神社、それが大廟でありますが、その大廟へ行ったことがある。そうすると参拝のしきたりについて、一一そこの係の役人か神主に尋ねました。〈事ごとに問う〉そのことをある人が批評いたしました。やはり彼は成り上がり者だ、鄹というところのいなかものだ、だから礼儀を知らない、彼は礼儀をたいへんよく知っているという世評もあるけれども、そんなことはだれがいったのか、それはうそだ、彼は現にこの大廟へはいってくると、小さなことまで一一尋ねたじゃないか、それが何よりの証拠だ、といって孔子を非難いたしました。ところが、〈子之れを聞きて曰わく〉孔子はそうしたかげ口を聞くと、申しました、そういうふうにするのこそ礼儀である。むろん自分は大体のことは知っている、あるいは相当こまかなことまで知っている、神主や役人よりもよく知っていたでありましょうけれども、しかしそこへ行けばそこの係の人に一一尋ねるのが、それこそ礼儀であるといったという条なのであります。毛沢東氏のこの論文にはそこを引きまして、孔子の〈事ごとに問う〉というそういうふうな謙虚な周到な態度でないといけないということをいっているのは、事柄の一例でありまして、そのほかいろいろ引いてあるようであります。また蔣介石さんも、それからさらにさかのぼっては革命の最初の偉大な人物であります孫文氏も、「論語」をときどき引いているようであります。以上はきのうのお話の補いとして申し上げたことであります。

さて、これからいよいよ「論語」そのものについてお話をすべき順序でございますが、時間がこの放送は相当あるようでありますから、書物そのものへはいります前に、この書物の中心になっておりますのは、いうまでもなく孔子でありますが、孔子の伝記の大体のことを、しばらくお話いたしたいと思います。

孔子は孔(こう)というのが苗字であります。ただいまの中国の音で申せばkǒugであります。それから子(し)と申しますのは、こうした偉い哲学者に対する尊称であります。だから孔子ということばは孔先生ということであります。名前は丘(きゅう)と申します。丘陵の丘でありまで、名は丘、字は仲尼であります。字が仲尼であるということは、これは彼が長男であります。だから実名で申せば孔丘であります。中国では非常に古くから、自分で自分のことをいうのには、実名を使います。で、孔子も「論語」の中で自分のことをいいますときには、丘と申しております。たとえば有名なことばとして、「子曰、十室之邑、必有忠信如丘者焉、不如丘之好学也」〈子曰わく、十室の邑も、忠信は必ず丘の如き者有らん、丘の学を好むに如かざるなり〉十軒ぐらいの村でも、まじめさという点ではこの私のようなものがいるだろう、ただ私ほど学問好きなものはおるまいという意味のことを申しておりますが、そこでも〈必ず忠信丘の如き者有らん、丘の学を好むに如かざるなり〉。一人称として、自分の実名である丘を使っております。こういうふうに自分自身は実名をいうのでありますが、人がその人を呼びますときには、実名をいうのは失礼とされております。これは現在の中国でも大たいそうなのでありまして、それで他人がその人を呼ぶ場合のものといたしましては、別の名前が用意されております。それを字と申します。文字の字の字を書きまして、あざなと日本では訓をつけておりますが、そうした字という別名があります。孔子の字、別名は、仲尼と申します。尼は呉音で読めば尼僧の尼でありますけれども、こうした儒教の書物は漢音で読むのが習慣でございますから、仲尼と私どもは読んでおります。

はなかったことを示しております。と申しますのは、字に仲がつきますのは、大体次郎あるいは三郎以下、とにかく長男ではない人の場合だからであります。つまり仲尼とは、尼次郎ということであります。また次男以下であって、彼にはにいさんがあったということは、ほかならぬこの「論語」の中にも証拠があるのでありまして、孔子が婿選びをした話が「論語」の中に見えております。それは「公冶長」という篇の一番初めにあるのでありますが、「子謂公冶長可妻也」〈子、公冶長を謂う、妻あわす可きなりと〉公冶長という人物には自分の娘をやってよい。何となれば彼は、「雖在縲絏之中、非其罪也」〈縲絏の中に在りと雖も、其の罪に非ざるなり〉彼は現在何か警察から捕縛されている、留置所にいる。しかし〈其の罪に非ざるなり〉彼は実際罪を犯したのではない、むしろ彼の正直さのためにそういうふうな不幸な目にあっているというので、「以其子妻之」〈其の子を以って之れに妻あわす〉その公冶長さんには自分の子供を妻として嫁入らせた。このことは孔子の性格のもつ大胆さを示す一つの挿話なのでありますが、そういう条がまずありまして、その次に「子謂南容」〈子、南容を謂う〉、別の若者でありましょう、南容という若者を批評して、「邦有道、不廃」〈邦道有れば、廃てられず〉国家に道徳があるとき彼は見捨てられる人物ではない、必ずある地位につく人物である。「邦無道、免於刑戮」〈邦道無ければ、刑戮より免る〉もしも国家に道徳がない場合、世の中が正しくない場合にも、〈刑戮より免る〉法律にひっかかることはない、そういうふうなたいへん中庸を得たおだやかな人物であるというので、このほうには「以其兄之子妻之」〈其の兄の子を以って之(こ)れに妻(め)あわす〉にいさんの子供、めいをお嫁にやったということがございまして、そこからも孔子が長男でなく、兄があったということはわかるのであります。

さて、彼はどこで生まれたかと申しますと、魯という国で生まれました。魯の国と申しますのは、ただいまの中国の地理で申しますと、山東省の泰山(たいざん)というたいへん有名な山、日本の富士山に相当するような中国一の名山、富士山ほどは高くございませんけれども、山東平野といいますのはほんとうに陸の海のようなところで、私も三十年ほど前に旅行したことがございますが、ずっとどちらを見渡しても原則として山は全然ない、大きな大きな平原が陸の海のように広がっている。そのまん中にぽっかり大きな岩のかたまりがございます。それが泰山なのですが、この中国第一の名山であります泰山の南のほうにあります小さな大名の国、それが魯であります。その国に生まれました。

生まれました年については、異説がございまして、漢の司馬遷(しばせん)が書きました「史記」ですね、これは皆さんも御存じの書物だと思いますが、中国の古代史として最も信頼できる、また最も規模の大きな書物でありますが、その司馬遷の「史記」では、その魯の国の襄公(じょうこう)という殿様が即位してから二十二年めに孔子は生まれたと、書いております。そういたしますとBC西洋紀元前五五二年であります。もっともちょっと異説もございまして、その前年に生まれたと書いた書物もございます。「春秋公羊伝(しゅんじゅうくようでん)」という書物でありますが、このほうは月日もちゃんと書いてございまして、襄公の二十一年十一月の庚子(かのえね)の日に生まれたといいます。両者一年の違いがございますが、キリストが生まれますよりも五百五十年ばかり前、そうして釈迦が生まれましたのよりは少し後、そうして日本の歴史はまだ神話時代でございますが、「日本書紀」なんかの紀年では神武天皇のころになりましょうか、そのころに、魯の国に生まれました。

お父さんは、魯の国の下級の士族であったと思われます。叔梁紇(しゅくりょうこつ)という人ですが、その子供として、魯の国の鄹(すう)という町で生まれました。さっき引きました「孰謂鄹人之子知礼乎」〈孰(たれ)か鄹人の子礼を知れりと謂うや〉あれは鄹のいなかものだから何も知っちゃいないという悪口をさっき引きましたが、鄹人(すうじん)の子あるいは鄹人(すうひと)の子と読みますが、そういわれたのは、鄹の生まれだからであります。

ところで、彼の出生につきましては、ある神秘な伝説もございます。その中にはおとなしい伝説、またあまりおとなしくない伝説もあるのでございますが、司馬遷の「史記」は、大体おとなしい伝説のほうをとっております。司馬遷という人はたいへん合理主義的な歴史家でありまして、神秘的な話はおれの書物から全部除くということを「史記」のあちこちの巻で宣言しております。それで孔子の伝記を書きました篇、それは「孔子世家」と申しますが、そこでも同じ態度でありまして、最も神秘的な説は書いておりませんが、しかしなおやはり多少神秘の跡を残しております。それはお父さんとお母さんが尼という山、そこの神様に祈って孔子を生んだ、「尼丘に禱って孔子を得たり」、山の神の申し子として生まれた、そのためか頭のかっこうも丘のようだった、だから名前も丘とつけた、そういうふうに「史記」は彼の生誕についてのいい伝えを記しております。

お話、途中でございますが、あとは明日にいたしましょう。

第四回 「十有五にして学に志す」

皆さん、おはようございます。昨日は漢の司馬遷の「史記」によりまして、孔子の伝記の一番初めの部分、その出生についてのお話をしかけました。この司馬遷の「史記」という書物は、漢の武帝の時代、西洋紀元で申しますと、紀元前百年ぐらいに書かれた書物でありまして、その中で孔子の伝記は「孔子世家（せいか）」という篇で、はなはだ重要な篇として書かれております。司馬遷と孔子とはその間に四百年ほどの距離があるのでありまして、私どもの比率でいえば、現在の私どもが江戸時代の初めの人の伝記を追跡して書いたようなものであります。そうして司馬遷の態度は昨日も申しましたようにたいへん合理主義的でありますので、あまり神秘的な話は彼の歴史の中にはしるされていないのでありますが、しかしなお孔子の出生に関する話には多少の神秘を、この司馬遷の書物においても伴なっております。

昨日申しましたように、お父さんの叔梁紇（しゅくりょうこつ）と、お母さん、これは顔（がん）という家の娘さんであります。顔氏（がんし）。この父母が尼丘（じきゅう）という山の神に祈って、その申し子として孔子が生まれた、それは魯（ろ）の襄公の二十二年であったというふうに書いてあるのであります。さらにまたそれに続けて、生まれると頭の上のほうが少しへこんでいた、頭のかっこうが普通の子供と少し違っていた、頭のかっこうが丘のようであるところから、丘（きゅう）という名前をつけたというふうに、司馬遷の「史記」の「孔子世家」はいっております。

さらにまた司馬遷は、おとうさんとおかあさんの結婚についても、多少奇妙な説をしるしております。「紇（こつ）と顔（がん）氏の女（むすめ）と野合して孔子を生む」と書いていることであります。おとうさんの叔梁紇と顔氏の娘さんとが「野合」して孔子を生んだ。ところでこの「野合」ということばは、普通後の時代の使い方では、なれ合いの夫婦、あるいはまたもっとひどい意味も考えれば考え得ることばであります。この点につきましては、後世の学者にいろいろ議論がありまして、この司馬遷の記載はそもそもが正確でないという人もあり、あるいはまた「野合」というのは、後世普通にこのことばが使われるような意味とは違う、その結婚が充分な手続をとることができなかったというだけのことにすぎないというふうに、いろいろ解釈がありますが、かくお父さんとお母さんの結婚について何らかの説が、これは孔子の時代にすでにあったということは、こうした偉い人の生誕につきましてはいろいろ伝説が生まれやすいものでありますが、何かそうした伝説が世の中に生まれるだけの地位を、孔子がその時代にもっていたということを、また別の面から示すものでありましょう。

それからまた、これは司馬遷の「史記」には書いてないことでありますが、もっと奇怪な説もございます。それは孔子も父の子ではなくして、神の子である、ちょうどキリストの母はマリアである、しかし彼は神の子であって父の子ではない、処女懐胎の伝説がキリストにはございますが、それと同じような説が、孔子についても、ある時期の中国では発生しております。それはちょうど司馬遷が「史記」を書きました漢の時代のことでありますが、そのころでは孔子は単なる人類の教師ではなくして、革命家だった、彼のころの中国の政治体制を変革し、その次にあらわれるであろう大帝国、それは漢という大帝国として現実になったのでありますが、そうした大帝国のために新しい政治の法則をあらかじめつくった革命家である、そうした説が漢の時代にはたいへん普遍にあったのでありまして、そうした人にふさわしくその出生もたいへん異常であった。お母さんが黒い竜の気を受けて生まれた、その黒い竜は実は天の神様であった、孔子もまた天の神の子であるという説であります。

これは中国の古代の帝王の出生についいては、類似の説がほかにもいろいろあります。

たとえば漢帝国を始めました漢の高祖劉邦なんかも、これは赤い竜の子である、赤い竜がお母さんが野で寝ているところにやってきて、そうして生まれた子が漢の高祖であるというふうな説があるのでありますが、それと同じように孔子も黒竜の子であるというふうな、説がありました。この説は間もなく消えます。またそもそも孔子にはふさわしくない説であります。孔子の一つの主張は、「子不語怪力乱神」〈子は怪力乱神を語らず〉という「論語」のことばがございますように、すなわち怪、奇怪なこと、力、暴力、乱、無秩序、神、神秘、それを先生は口にしなかったと、弟子たちが申しておりますように、その人自身は神秘に対して関心を抑制したのであります。にもかかわらずその出生をめぐってはこういうふうな説さえ生まれた時期もあったということ、これは余談として申し述べたのであります。とにかくそのように、下級武士の子として生まれました。ところで当時の中国の政治体制の大体を申しますと、王朝としては周王朝の時期であります。周王朝と申しますのは、一応当時の中国全体の主権者として、いまの河南省の洛陽に都を置いていたのでありますが、その勢力はすでにはなはだ微弱でありました。そうして地方には多くの大名たちが独立の政権を持っておりました。各地方の大名の数は、孔子のころには大たい十幾つであり、「十二諸侯」というふうに申しますが、中央の周王朝との間の統属関係は、江戸時代の徳川幕府と大名たちほども緊密でない。中央の政権である周王朝の力は強くない、むしろ足利時代の室町幕府と各地方の大名とのような関係にあったのであります。そうした各地の大名の一つが、孔子の祖国の魯でありま す。この魯というのは、中央の周王朝とたいへん近い関係にありまして、先祖は兄弟であった、その子孫がここに領地をもらって魯の大名になっている、その魯の国の士族の家に生まれたわけであります。

その子供のころのことを、やはり「史記」が書いておりますが、子供のころからたいへん秀才であった、そうして遊びのしかたが普通の子供とは違っていた。「孔子、児と為りて嬉戯するに、常に俎豆を陳ね、礼容を設く」。いつも並べて遊ぶおもちゃは、お祭りのときに使う道具であった。「豆」というのは、お祭りのときに神様、神様と申しましても大たいは先祖の神様でありますが、先祖の神様にお供えをするところの高つきであります。あるいはやはりその際のまないたであるとか、そういうものを並べて、先祖の神を祭るお祭りのまねをして遊んでいた、そういう風に「史記」は孔子の伝記を書きはじめております。子供がそうした遊びをしたということは、ちょっとわれわれには理解しがたいようでありますが、これから後にだんだん申しますように、祭祀その他、社会生活なり家庭生活におきますいろいろなしきたりというものは、後に孔子が人間の善意の表現としてたいへん重視いたしましたものでありまして、それを「礼」と呼びます。「礼」というのは、いまわれわれが考えますような単なる形式的な礼儀ということではなしに、人間の善意の表現としての社会生活の法則あるいは家庭生活の法則です。そういうことに子供のころからたいへん敏感であったということを示すために、司馬遷はそう書いているのであろうと思います。

ところで、その家庭生活は必ずしも幸福ではなかったようであります。と申しますのは、生まれて間もなくおとうさんの叔梁紇がなくなったことであります。そうしてまたおっかさんも、おそらくは孔子が二十になるまでになくなったようであります。またこういう話が、「史記」に書いてあります。おとうさんはさっき申しましたようにまだ赤ん坊のときになくなったのでありますが、その墓がどこにあるかをおっかさんはどういうわけか、孔子にいって聞かせなかった、それでおっかさんがなくなると、おっかさんをおとうさんの墓へ一緒に葬るべきでありますが、どこに父のお墓があるかわからない。で、たいへん困ったということも、「史記」には書いてあります。これは若いころの孔子には、何か複雑な家庭の事情があったというふうなことを、暗示することばのように思います。しかし、そのことはよくわかりません。はっきりとわかりますことは、たいへんな秀才であったことであります。

「論語」の中には、孔子自身が自分の精神の発展について自叙伝的に述べた有名な章がございます。それは「論語」の第二番目の篇、「為政」第二という篇にある、たいへん有名な条であります。「子曰、吾十有五而志于学」〈子曰わく、吾れ十有五にして学に志し〉十五の年から学問をやろうと決心した。「三十而立」〈三十にして立つ〉三十歳のときには学問の基礎ができ上がった。「四十而不惑」〈四十にして惑わず〉。現在われわれも四十になると「不惑」と申しますが、孔子の〈四十にして惑わず〉は、自己の学問に対して自信を得た、自己の向かっている方向が人間の生活の方法としてたいへん妥当なものであるということを確信するようになったということだと、私は考えます。そうして「五十而知天命」〈五十にして天命を知る〉。これはたいへん重要なことばであります。〈天命〉というのは天からの命令ですが、天が自分に与えた使命とも、あるいはまた天が自分に与えた運命とも解することができます。これまた後に申し上げる機会があると思いますが、「論語」の中の〈命〉ということばは、いつも使命、つまり人間としての義務という意味と、運命、人間がその限定としてもつ運命、この二つの意味を同時にもつようであります。そうした〈天命〉というものを知ったのは、五十のときである。ということは、このように人間の文明のために努力することが、それこそ天がこの私に与えた使命である、ないしはこのように人間の文明のために努力せざるを得ないこと、それが自分に天から与えられた運命であるということを、はっきり感知した、そういう意味だと私は考えます。それが〈五十にして天命を知る〉。ことばはさらに続きまして「六十而耳順」〈六十にして耳順う〉これはやや難解なことばであると私などは思います。大体の意味は、これまではどこまでも理想に燃えて、自分の理想と合致しないことに対しては反撥した、冷淡であった。ところが六十になると、現実はたいへん複雑なものであるということがよくわかって、〈耳順う〉何を聞いてもそれに対してむやみに反撥することはなくなったという意味かと私は思います。そうして、「七十而従心所欲、不踰矩」〈七十にして心の欲する所に従って、矩を踰えず〉もはや七十になってからは、完全な自由を得た、そういうふうに「為政」篇で申しております。

　これは最も晩年の孔子が、自分の精神の成長の過程を自分でいったものと思いますが、さてその最初の〈吾れ十有五にして学に志し〉というころ、孔子は魯の国のたいへん優秀な青年として、すでに評判をもっていたようであります。「史記」にはこういうお話をしるしております。そのころ魯の国には、家老の家でたいへん有力な家が三軒ございました。いずれも魯の殿様の親戚の家なのでありますが、ことにその中でも一番有力なのは季という家であります。その季という家で、国の文化人を招待して宴会を開いた、孔子も招待状をもらったのでありましょう、出席をしようとして参りましたが、門のところに季氏の家のさらに家老ががんばっておりまして、お前は招待していない、帰れといった。この話はどういうことを意味しますか、現在の私にはまだよくわかりませんが、まずそういった話、それも彼がたいへんすぐれた青年として世評が高かったということを示すものではありましょう。

またこれは「史記」ではありませんが、別の書物にはこういう資料もございます。そのころやはり同じ大名の国で、鄭という国がございました。今の河南省にありますが、そこに子産というたいへんすぐれた宰相がおりました。この宰相の行動を孔子が批評したという話であります。

時間がなくなったようでありますから、明日続きを申しましょう。

第五回　「三十にして立つ」

皆さん、おはようございます。昨日は孔子の伝記の中で、彼自身のことばによれば〈吾れ十有五にして学に志す〉といっております、そのころのことをお話しはじめたのでありますが、そのころの孔子はたいへん優秀な少年ないしは青年として、すでに評判を高めつつあったようであります。あるいはそのころの孔子の言行として、彼がたいへん進歩的な青年であったと思わせる話も、拾えば拾うことができます。それは「春秋左氏伝」という書物に載っている話であります。

この「春秋左氏伝」といいますのは、孔子の弟子が書いた書物だといわれております。近ごろの学者はあまりその伝説を信じませんが、まあ伝説ではそういうことになっております。「春秋」というのは、いつかも申しましたように、孔子が編定いたしました五つの古典の一つ、易、書、詩、礼、春秋、その「五経」の一つの「春秋」でありますが、その注釈を孔子の弟子であります左丘明という人が書いたのが、この「春秋左氏伝」だといわれております。

　お話が横へ横へとそれていくようでありますが、ついでだから申しますと、この左丘明という人も、「論語」の中にあらわれます。これまた「論語」の中のたいへんすぐれた章と思いますが、「子曰、巧言令色足恭、左丘明恥之、丘亦恥之」〈子曰わく、巧言令色足恭は、左丘明之れを恥ず。丘も亦た之れを恥ず〉巧言、巧みなことば、令色、したり顔、足恭、丁寧過ぎる態度、それらのことを、左丘明は恥ずかしいこととしてやらないが、私も同様それは人間として恥ずかしいことだと思う。また「匿怨而友其人、左丘明恥之、丘亦恥之」〈怨みを匿して其の人を友とす、左丘明之れを恥ず、丘も亦た之れを恥ず〉いやな人間だと思いながら、しかもその人間とつきあっている、現在われわれの生活でもそうしたことがときどきあるように思いますが、それを左丘明は、〈之れを恥ず〉人間としてそれはきたない行為だと思っている、〈丘も亦た之れを恥ず〉私も同様にそう思う。丘というのは一昨日も申しましたように孔子が実名によってみずからを呼ぶ一人称であります。

　そういうふうに「論語」にもあらわれる人物でありますが、その人が孔子の書きました「春秋」に対して書いた注釈が「春秋左氏伝」、簡単にしては「左伝」という書物であるとされます。大部な書物でありまして、孔子の時代の歴史を書いたものとしてたいへん詳しい書物なのですが、その書物の中に、次のような一条があります。

これも昨日申しましたが、当時ありました十二諸侯の一つ、周王朝の下にそれぞれの独立国としてある幾つかの大名の一つで、河南省にありました鄭という国ですね、いま京漢鉄道が鄭州というところを通っておりますが、あの鄭州にあった国であります。その鄭の国に、国立大学と申しましょうか、郷校がございました。どうも大学の人たちが政府の政策をいろいろと批評いたしますのは、そのころからのことのようでありまして、学校の人人がいろいろと政府の大臣たちの政策を批評する、あるいは非難する。それで鄭の国の大臣の一人でありますところの然明と申しますのが、総理大臣であります子産という人に、苦情を申しました。この子産という人は、孔子少年の時代、あちこちの大名の国の宰相の中で名宰相といわれた人でありますが、鄭の内閣の一員であります然明が、総理大臣の子産に向かいまして、大学をいっそつぶしてしまえ、郷校を毀てば何如、めんどうな議論ばかりやるから、つぶしてしまったほうがいいのじゃありませんかとといいましたところ、子産総理大臣が申しますには、そうではない、彼らの議論のうちのよいものは、われわれが取り上げて実行すればいい、彼らの議論のうち悪いもの、それはわれわれが改めたらいい、彼らこそわれわれの先生だ、どうしてそれをこわすなどというのか、といって、然明をしかったという話があります。

ところでその次に「春秋左氏伝」はこういうふうに申しております。ちょっとそこの原文を訓読いたしますと、「仲尼、是の語を聞くや、曰わく、是れを以って之れを見るに、人、子産を不仁と謂うも、吾れは信ぜざるなり」。その意味を申しますと、孔子がこの話を聞いていった、この点から観察すると、子産という人は、たいへん人道主義者である、もしもここに子産が人道にはずれた人間だという人がいるとしても、私はその人のことばをほんとうだとは思わない、「人もし子産を不仁なりと謂うも、吾れは信ぜざるなり」、そういうふうに孔子は批評したと「左伝」には書いてございます。これは孔子が成長してからのことばであるという学者もありますし、あるいはまたこの事件がありましたのは、魯の襄公の三十一年であり、孔子の年齢は十でありますが、たいへん賢い子供であったから、子供ながらこういうふうな批評を発したという説もあります。どちらの説がいいかはともかくといたしまして、孔子という人は若いときからたいへん当時の文明の比率における進歩的な、そうしてまた理想主義者的な少年であり青年であったと見られていたと思えます。昨日ちょっと申しましたように、家老の家の宴会へ行って、門前払いを食ったというのも、少し小説家的な想像をたくましくいたしますれば、どうもあいつなまいきだというふうな反感が、当時の魯の国にあったのかもしれません。

むろんこれは勝手な想像です。

さて、さっきも引きました孔子自身の自叙、精神の歴史の自叙について申しますと、〈十有五にして学に志し〉の次にあらわれますのは、〈三十にして立つ〉であります、「三十而立(サヌシアルリ)」であります。いまも日本で三十になりますと「而立(じりつ)」というのは、「論語」のここから出るのであります。そのころの孔子はどうしていたかということを、「史記」の「孔子世家(せいか)」などを材料にして申しますと、彼はそのころまず魯の家老の家であります季(き)氏ですね、これは昨日そこでの宴会へ行って断わられたという、その季氏の家であります。その季氏の家の牧場を預かる係、そういうものになったりしております。たいへん低い役目なのでしょうが、生活のために一種のサラリーマンであったわけであります。このことはおそらく事実でありましょう。

これはずっと後、孔子がすでに文化界の巨人になってからのことでありますが、「論語」の中にはこういうふうな問答もあります。「大宰問於子貢曰、夫子聖者与、何其多能也」〈大宰(たいさい)、子貢(しこう)に問うて曰(い)わく、夫子(ふうし)は聖者なるか、何んぞ其れ多能なるやと〉で始まる章であります。大宰(たいさい)というのは、どこかよその国のやはり総理大臣であります。呉(ご)という南方にありました国か、宋(そう)というやはり河南省にありました国か、どちらも総理大臣を大宰といっておりますので、どちらの国の総理大臣かわかりませんが、その国の総理大臣が、子貢というのはこれは孔子の十大弟子の一人でありますが、その子貢に尋ねた。あなたの先生は聖人なのか、よくもあんなにいろいろな多くの才能をもっていられる。〈夫子は聖者なるか、何んぞ其れ多能なるや〉あるいは〈何んぞ其れ能多きや〉。弟子の子貢は答えました。「子貢曰、固天縦之将聖、又多能也」〈子貢曰わく、固より天之れを縦しいままにして将に聖ならしめんとす、又た多能なりと〉あなたがおっしゃるとおりだ、うちの先生は天の意思として聖人に近づこうとしている、実にいろいろな才能をもっていられます、と子貢は答えました。ところが孔子がそのことを聞きますと、孔子は次のように申しました。「吾少也賤、故多能鄙事」〈吾れ少くして賤し、故に鄙事に多能なり〉私は若いころはずいぶん苦労した、だから〈鄙事〉いやしきこと、つまらないこと、それをいろいろできるのだ。しかし「君子多乎哉、不多也」〈君子は多からんや、多からざるなり〉ほんとうの紳士というものは、そういうふうに何でもかんでもやるものだろうか、いやそうじゃない、〈君子は多からんや、多からざるなり〉といったというのが、後のこととして、これは「論語」そのもの、「子罕」第九の篇に見えます。

〈吾れ少くして賤し、故に鄙事に多能なり〉といいますのは、孔子が若いころにそうした季氏の家の牧場の係をしたり、あるいはまた季氏のもっております田畑の管理というふうなこともしていた時期がある。生活のためでありましょうが、最初はそういうこともしていたという経歴と、ひびきあうものでありましょう。

しかしだんだん彼の名声は高まってまいりました。またみずからの才能について自信をも得たのでありましょう。〈三十にして立つ〉ころには、魯を出まして外国へ行っております。参りました一つの外国は、同じく山東省ではありますけれども、この魯の国よりはずっと大国でありまして、そうしてまた経済的にもたいへん富んでいる国で、斉という国であります。当時の中国にはいろいろな国が対立しておりましたが、斉は大国であり、しかも最も経済的に優位に立っている、現在の世界の比率で申せば、まあアメリカみたいな国であります。その斉の国へ参りまして、その国の家老の家来になっていた時期があります。何のためにそういう外国へ行ったか、理由はよくわからないのでありますが、そうした時期がございます。

ところで、この斉の国に滞在しておりました間のことといたしまして、私のたいへん注意する事件が、「論語」の一章としてあります。孔子の音楽に対する敏感、また音楽の尊重、これはのちのちの孔子の学説の重要な部分になるものでありますが、それがこの斉の国滞在中にあらわれることであります。「論語」の「述而」第七という巻に、次のような記載がございます。「子在斉聞韶、三月不知肉味、曰、不図為楽之至於斯也」

〈子、斉に在りて韶を聞く、三月肉の味わいを知らず、曰わく、図らざりき、楽を為すことの斯こに至るや〉と読める一章であります。孔子は斉の国に滞在中に〈韶〉という音楽を聞いた。当時の音楽といいますのは、大体ただいまの西洋音楽の交響楽に近いものだと思います。いろいろな打楽器、管楽器、絃楽器、それらで合奏いたします交響楽なのでありますが、その交響楽の一つとして〈韶〉という、これはずっと古代の音楽、舜という天子の時代、堯舜の舜でありますが、その時代の音楽と伝えられるものでありますす。その〈韶〉という交響楽、それを斉の国で聞いて、たいへん感動し、〈三月肉の味わいを知らず〉三か月間、肉というのは当時においても最もごちそうであったでありましょう、牛肉を、中国人は昔からあまり肉食の中心といいたしませんようですが、豚の肉、羊の肉、それから多少は牛の肉も食べたでありましょう。とにかく〈韶〉の音楽を聞いたあとは、その音楽の感動のために〈三月肉の味わいを知らず〉三か月間肉を食っても肉の味を空虚なものと感じてしまった、そうしていった、〈図らざりき、楽を為すことの斯こに至るや〉音楽というものの感動がこんなにまですばらしいということを、いままで予期しなかったと、そういったという章であります。これは三十前後の音楽に対する感動なのでありますが、そうしたことばが「論語」にのっております。

孔子の音楽に対する尊重は、「論語」のほかの章にもあらわれております。たとえば

「泰伯」第八という篇には、「子曰、興於詩、立於礼、成於楽」〈子曰わく、詩に興こり、礼に立ち、楽に成る〉人間の教養の出発点は詩、ポエトリーであります、文学が出発点である。次にその教養がしっかりしたものになるのは〈礼〉である。昨日も申しましたように社会生活、家庭生活における人間の善意の美的表現としての礼儀、それである。しかし最後の完成、それは音楽にある、〈楽に成る〉そういうことばも別のところでいっております。

この態度は、当時の社会において必ずしも普遍なものではなかったと考えられます。孔子と対立する思想家として、墨子という思想家があります。この人は時代的に孔子とどうなるか、厳密にはよくわからないのでありますが、巨視的にいえば、孔子とほぼ同時代の別の学派の思想家であります。この墨子なんかは、音楽というものは無用の消費であるとしました。そのころの大名の家は、それぞれ交響楽団をもっておりましたが、そういうのは無用の消費である、また人間を堕落させるものであるということで、「非楽」、音楽の否定、という論文を書いております。ところが孔子の態度はそれと正反対であります。かく当時の人人が必ずしも普遍には認識しなかったであろうところの音楽の人間の生活に対する効果、それを重視するということが、のちのち孔子の主張の重要な部分になるのでありますが、それがこの若い三十のころ、斉に行っていたときのことばとしてもあらわれているわけであります。

もう一つ、孔子の音楽に対することばをきょうのお話の最後として申しますれば、これは「八佾」第三という篇に、こういうのがあります。「子語魯大師楽曰」〈子、魯の大師に楽を語りて曰わく〉魯の宮廷楽団の指揮者にむかって音楽論をかたった。「楽其可知也」〈楽は其れ知る可きなり〉音楽というものはどういうものであるか、私には分かっている、「始作翕如也」〈始め作こすに翕如たり〉最初は金属の打楽器の盛り上がるような演奏で始まる。「従之純如也」〈之れを従てば純如たり〉やがていろいろな楽器の自由な参加によって純粋な調和がかもし出される。「皦如也、繹如也、以成」〈皦如たり、繹如たり、以って成る〉いろいろな楽器がそれぞれに受けもつパートの明確さ、そうして連続と展開、そうして音楽は完成する。

あとは明日申します。

第六回　斉の景公との対話

皆さん、おはようございます。孔子の伝記についてのお話をもう少し進めることにいたします。

おもな資料は、司馬遷の「史記」の「孔子世家(せいか)」という篇であります。それはすなわち孔子の伝記なのであります。司馬遷という人は孔子より四百年ばかり後の偉大な歴史家でありまして、彼の孔子に対する敬意は必ずしも予想のごとくでないというふうにいう人もありますが、やはりそうではなく、彼はその書物「史記」の中で、孔子に対しては特別な扱いをしております。「史記」の最も重要な部分は、御承知の方も多いでありましょうが、「列伝」七十巻、すなわち個人の伝記を書きました部分であります。ところで孔子も個人であります。偉大な人ではありますけれども、個人であります。決して大名でも帝王でもありません。身分からいえばただの個人なのでありますが、司馬遷は孔子に対しましては、「列伝」の中にその伝記を書かずに、孔子を大名と同じ扱いをいたしまして、大名の家の伝記を書きました「世家」三十篇、そのほかの篇はみな大名の家家の歴史なのでありますが、その一つとして孔子を取り上げ、「孔子世家」としております。これは司馬遷の孔子に対する特別な敬意を何よりもあらわすものであります。

ところで司馬遷の「孔子世家」が、材料としてもっとも多く使うのは、やはり「論語」であります。昨日申しましたように、孔子が三十過ぎのころ、つまり孔子の自叙伝で申しますならば〈三十にして立ち、四十にして惑わず〉という、その中ほどのころ、隣国であります斉の国、きのうも申しましたように、山東省の東のほうにあります大国であり、ただいまのわれわれの世界の比率で申しますればアメリカのような、たいへん物資とそれに伴う盛んな生産をもつ当時随一の大国、その斉の国へしばらく行っていた時期のあることを、「史記」の「孔子世家」はまず記しました上、昨日も申しました「論語」の文句、〈子、斉に在りて韶を聞く、三月肉の味わいを知らず、曰わく、図らざりき、楽を為すことの斯こに至るや〉斉で〈韶〉という古代の音楽を聞いて、その美しさに感動し、三か月間肉を食ってもうまく思わなかった。現在のわれわれの生活の比率で申しますならば、ベートーベンかだれかのシンフォニーを聞いて、感動のあまり、三か月間はビーフ・ステーキを食ってもうまく感じない、そういうふうな感動を受けたという「論語」の文章を、「史記」はそこに組み入れております。

ところで、この斉の国の滞在中には、もう一つの事件がありました。それは当時の斉の君主は、斉の景公という君主でありました。この君主はたいへん凡庸な無能な君主であったようであります。ただ在位年数だけはたいへん長くて、紀元前五四七年、孔子が五つのときに即位をいたしまして、紀元前四九〇年、孔子が六十一のときに死んでおります。大体孔子と年ごろは似ているわけでありますが、そうした長い在位年数をもつという以外には、たいへん凡庸な君主であったということは、「論語」の中に孔子がこの君主を批評したことばがございます。「論語」のおしまいのほうでありますが、「季氏」第十六という篇の中で、こういうふうに申しております。「斉景公有馬千駟、死之日、民無徳而称焉」〈斉の景公は馬千駟有り、死する日、民徳として称する無し〉斉の景公は四千頭の馬をもっていた。馬の数というものは、その国力を当時においてはまず何よりも象徴するものでありましたろう。戦争に使う馬なのですが、それを四千頭ももっていた、たいへんな富んだ大国の主人であった。しかしその死んだ日には、〈民徳として称する無し〉人民はだれも彼をほめるものはいなかった。ことばはさらに続きます。それにひきかえ、「伯夷叔斉、餓于首陽之下、民到于今称之」〈伯夷叔斉は、首陽の下に餓う、民、今に到りて之れを称す〉。伯夷叔斉と申しますのは、孔子から約六百年ぐらい前、周王朝がその前の殷王朝を武力で倒しましたところのいわゆる殷周の武力革命、そのときにそうした武力による革命というものはいけない、何にしても人間がそういう武力を使うのはいけないということで、新しい周王朝に抵抗の意思を示しますために、このけがらわしい新しい王朝の米は食わないといって、首陽山という山へはいり、そこで米は食わずにワラビばかり食って暮らし、そのうちそこで餓死したという、清廉潔白の標本のような人物であります。ま、半ば伝説の人でありましょうが、その伯夷叔斉は首陽のふもとに飢えたけれども、〈民今に到りて之れを称す〉人人はいまでもその話を人間のとうとぶべき歴史として伝えている。それに比べてあの斉の景公という人は、なるほど金持ちではあったけれども、何というつまらない人間だろうと、ずいぶん激烈な批評をも孔子がくだしている君主なのであります。

ところで若いころの孔子は、斉に滞在中この君主に会っております。会いましたのは、孔子の理想、これはのちのちだんだんに申し述べますが、彼が理想とする、〈仁〉による政治、人間相互の愛情による政治、それがどこかの君主によって中国全体でなくても、まず部分的に実践に移されるということが、孔子の理想であったのであります。それを実行する最初の媒体として、この凡庸な君主にも期待をかけたのでありましょう。そのとき孔子が斉の景公とかわしました対話が、「論語」に見えております。やはり「論語」

の下半分の部分のなかの一篇、「顔淵」第十二に見えているのでありまして、「斉景公問政於孔子」〈斉の景公、政を孔子に問う〉政治というものはどういうものかということを、景公が孔子に尋ねた。と、孔子の答えは簡単といえばたいへん簡単であります。「孔子対曰、君君、臣臣、父父、子子」〈孔子対えて曰わく、君君たれ、臣臣たれ、父父たれ、子子たれ〉原文で申せば、君君、臣臣、父父、子子、この簡単といえば簡単なことばが、孔子の答えでありました。

それに対する斉の景公の批評も、「論語」には続いてしるされております。「公曰、善哉」〈公曰わく、善いかな〉景公はいった、何ともみごとなことばだ。「信如君不君、臣不臣、父不父、子不子、雖有粟、吾得而食諸」〈信に如し君君たらず、臣臣たらず、父父たらず、子子たらずば、粟有りと雖も、吾れ得て諸れを食わんや〉。このことばは、いかにも斉の景公らしいいやしいことばであります。なるほど君主が君主でなく、臣下が臣下でなく、父が父でなく、子が子でなければ、幾ら米があっても、それを食って生きているわけにはいくまい。凡庸というのを通り越して、ばかなぐうたらな君主のいいそうなことでありますが、そうした問答をかわしたということが「論語」に見えます。これも司馬遷は「論語」を資料といたしまして、若いころ斉に滞在中のことばとして、「孔子世家」のその部分に組み入れております。

さらにまたそのときのこととして、司馬遷が「孔子世家」のそこのところへ組み入れているのは、「論語」の次の章です。これもおしまいのほうの「微子」第十八という、これは孔子の伝記について何かこまかいような事柄がいろいろと書いてある篇なのでありますが、その中の一章として、景公は孔子にたいへん感心いたしまして、彼を召し抱えようとしたという章であります。すなわち「斉景公待孔子曰」〈斉の景公孔子を待ちて曰わく〉景公は孔子を次のように待遇しようとした。「若季氏則吾不能」〈季氏の若くするは、則ち吾れ能わず〉。季氏というのは、孔子の祖国の魯の国の一番家老でありますす。あなたの国の一番家老のような待遇をあなたにしてあげることはできない。「以季孟之間待之」〈季孟の間を以って之れを待たん〉。季というのが魯の国の一番家老、孟というのは、孟孫氏といって二番家老です。あなたの国の一番家老と二番家老、それらの中間ぐらいの待遇をあなたにしてあげてもいいと、三十幾つの若者にこういうふうなたいへんな期待のことばを、景公はかけたというのであります。しかしその次には、「曰、吾老矣、不能用也」〈曰わく、吾れ老いたり、用うる能わざるなり〉この君主はたいへん気の変わりやすい君主だったのでありましょう、いや、もうわしは年寄りだ、とてもお前さんに頼んで政治をしてもらう、それだけの気力はない。〈吾れ老いたり、用うる能わざるなり〉。そこで、「孔子行」〈孔子行る〉景公のそのことばを聞いて孔子は失望し、斉の国を立ち去ったという風に読める条が、「論語」にあるのを、司馬遷はやはり「孔子世家」のそこのところへ組み入れています。

この条は少し疑わしいといえば疑わしいのでありまして、いかに秀才とはいえ、三十幾つのいまでいえば一介のサラリーマンに、お前さんをこの大国の国務大臣にしようといったというのは、おかしい。「論語」のこの章としてあらわれる事件は、司馬遷のいうように、三十いくつで斉に滞在した際のことでなく、もっとのち、孔子がえらくなってからのことだろうと、日本におきます「論語」注釈家としてたいへんすぐれた人でありますす伊藤仁斎は、いっております。仁斎は、元禄ごろの京都の儒者でありまして、京都の東堀川出水、あそこにいまも仁斎の家がございますが、そこで学校を開きまして門弟三千人といわれた。大石内蔵之助も彼の塾に出入りしていたようでありますし、また井原西鶴も彼の塾に出入りしていたようであります。また彼は京都の御所の儒学の顧問でも実際はあったようでありますが、その仁斎が「論語古義」というたいへんこれはすぐれた注釈を書いております。この注釈をあまり中国の人は知らないようですが、中国の人に見せてもきっと感心する注釈だと思います。その中でいまいったようなことをいっております。そうして「曰、吾老矣、不能用也」〈曰わく、吾れ老いたり、用うる能わざるなり〉は、景公の言葉でなく、孔子の言葉であって、せっかくの思し召しだが、わたしも年とった、もう駄目です、といって、辞去した、そういったのは、この君主のぐうたらさを見抜いての挨拶だったと、旧説をよみ変えています。

仁斎は「論語」を「最上至極宇宙第一の書」、この世界あってからの最もすぐれた書物というのでありますが、それだけに「論語」の解釈についても、いろいろ新しい説を出しています。今の条もそうでありますが、それはともかくとして、普通の説、また「史記」によれば、これも三十代の斉国訪問の際のことであり、そういうことで孔子は斉に失望して、立ち去った。彼は以後一生のあいだ、あちこちの君主に理想を説きながら、どこでも受け入れられず、失望を繰り返す。その点では悲劇的な人物なのでありますが、まずその最初の悲劇が斉にあったということに、「史記」によれば、なります。

また「史記」によりますと、少しまた別のことが書いてあるのであります。そのころ斉の景公には、たいへん有名な宰相がそばにおりました。それは晏嬰あるいは晏子といわれる人物であります。晏が苗字で嬰が名前であります。姓名でいえば晏嬰、これも偉い人ですから尊称でいえば晏子といいます。これはたいへん偉い宰相で、凡庸な景公が、後に触れますように、国内にはいろいろ混乱があるにもかかわらず、とにかく五十八年という長い在位をもち得たのは、この晏嬰が補佐したということがおもな原因とされているのでありますが、この人物があまり孔子を好かなかった。その晏嬰が景公に対して、孔子という人物は、あまりにも理想家過ぎる、やはり任用をやめておきになったほうがいいでしょうといったことが、孔子がせっかく景公から信用されかけながらとうとう追っ払われた原因だというふうに、「史記」は書いております。嫉妬ということは、人間にはなかなか除きにくい感情であります。晏子もたいへん偉い人ですが、多少そういうこともあったかもしれません。もっともこの晏嬰のじゃま立てのことは、「史記」には見えますけれども、「論語」には見えません。しかし若い孔子が斉の景公との間に接触をもったということ、これは事実でありましょう。

ところで私がなお多少お話をしたいのは、さっき孔子が景公がまつりごとを問うたのに対して答えた、「君君、臣臣、父父、子子」ということばであります。〈君君たれ、臣臣たれ、父父たれ、子子たれ〉君主は君主らしく、臣下は臣下らしく、父は父らしく、子供は子供らしくあるのこそ、それが政治というものだというのは、孔子の教えがこのお話の最初に申しましたように、人間に必要なものは秩序である、愛情の生活もよき秩序としてあらわれなければならない、またよき秩序があってこそ初めて愛情は完全に遂行される、そういう秩序尊重の精神が、このことばにもあらわれていると見ることができるのでありますが、それとともに私がここで特に人人の注意を促したいのは、かく〈君君たれ、臣臣たれ〉と申してはおります。しかしながら、君は君たらずとも臣は臣

たらざるべからず、父は父たらずとも子は子たらざるべからず、臣下は君主に絶対に服従せよ、子供は親に対して絶対に服従せよ、儒教の教えはそうであるというふうにしばしば、特に日本ではしばしば理解されがちなのでありますが、そうした考えはこのことばの中に含まれていないことであります。この問題は「論語」を読む上にたいへん重要だと思われます。

明後日の月曜、続けてお話をいたしましょう。

第七回　「論語」は封建的な書物か

皆さん、おはようございます。一昨日、土曜日は、孔子が三十代の中ごろ、斉の景公とかわしました問答、景公が政治の要諦を孔子に尋ねましたのに対しまして、孔子が答えたことば、〈君君たれ、臣臣たれ、父父たれ、子子たれ〉君主は君主らしく、臣下は臣下らしく、父は父らしく、子は子らしく、それこそ政治であると答えたというのを問題にしてお話をしかけておりました。ところでこの〈君君たれ、臣臣たれ〉と申しますのは、臣下は君主に対して忠誠を尽くすべきであるという意味をもっているには相違ありません。しかし同時にまた、君主は君主らしくあれということは、臣下に対して愛情と威厳をもたなければならないというふうに解せられます。〈父父たれ、子子たれ〉も同じでありまして、父は子供に対する愛情をもって父らしくあれ、子は親に対する愛情と尊敬をもって子らしくあれ、つまり相互の愛情、相互の善意を、要求することばであ

ると読まれます。

ところでこれと類似はしますが、もっときびしいことばが、普通儒学的な思想として日本では理解されております。すなわち、「君君たらずとも臣は臣たらざるべからず」、君主がどんな乱暴をしても、ばかであっても、臣下は臣下としての忠節を尽くさなければならない。同様に「父父たらずとも子子たらざるべからず」、父がどんなに乱暴でありばかであっても、子供に対する愛情がなくても、子供は至上命令として父に対する愛情をもたねばならない、そういうふうな理解が、儒学的なもの、あるいは「論語」的なものとして、あるのであります。これはたいへん重要な問題であります。

実はこのことばですね、「君君たらずとも臣臣たらざるべからず、父父たらずとも子子たらざるべからず」ということばを、私はどこにあるのか捜すのにたいへん苦労をいたしました。これは必ずしも私の学問が浅いからばかりではないと思います。そもそもこのことばとして現われるような思想は、思想としても、中国では乏しいように感ぜられるのであります。さらにそれが具体的なことばとなって、原文でいえば「君不君、臣不可不臣、父不父、子不可不子」ということばですね。これは日本ではよく耳にしますが、一体中国のことばとしてあるのかどうか、これはどうやら日本で発生したことばではないか、日本では儒学が武士道と結びつきましてたいへんきつい教えになっているの

で、あるいは日本で発生したことばではないかとさえ、一時は疑ったのであります。しかしとうとう、それは中国の書物の中で見つかりました。やはりそれは中国のことばではあったのであります。ただしそれは中国では片すみの書物に見えることばでありました。

「孝経」という書物がありますね。やはり孔子の作と伝えられる古典の一つで、孝行の道徳を説いた書物なのでありますが、その「孝経」自体ではありません。「孝経」の注釈の一つに、「古文孝経孔氏伝」という書物があります。これは紀元前二世紀、漢の孔安国という学者が書いたということになっておりますが、実はそうでないので、大体七世紀のころ隋の時代、日本では聖徳太子の時代に当たりますが、隋の時代に孔安国の著述ということで偽作された書物だといわれております。その本の序文にこのことばが見つかりました。やっと長い間捜したあとで見つかりました。とにかくそのことばが見つかったので、鬼の首でもとったようにうれしいことはうれしかったのでありますが、ところでこの「古文孝経孔氏伝」というのは、いま申しましたように成り立ちが怪しい書物であります。そうして中国では早くなってしまい、そんなに長く存在しなかった書物です。ところが日本ではその書物がたいへん長く保存されまして、ずっと読み伝えられました。そうしてこれは十七世紀ごろになりますが、日本の学者、というのは太宰

春台ですが、その人が復刻いたしましたのが、中国へ逆輸出されまして、向こうでたいへんな評判になりました。つまり千年間、中国では行方不明であった書物、しかし日本では大切にされた書物、それにはいま申しました、「君君たらずとも臣は臣たらざるべからず、父は父たらずとも子は子たらざるべからず」という強いことばが、あるのであります。ということは、本来の中国の思想とその日本における演繹のされ方とは違っている、これはほかの面でもいろいろ認められるのでありますが、そういうことを示す一つの資料と思います。

そもそも「論語」の説きますところは、常に相互の愛であります。「論語」のしばしばトピックとする〈仁〉ということば、それは人間相互の間の愛情であるから、〈仁〉という字もそういうかっこうをしている、人偏(にんべん)に二つであるという説があります。これは一種のポピュラー・エティモロジー、通俗語原学、に近づきますので、どうかと思いますが、そうした通俗語原学をも生み得べき相互の愛情、それこそ常にこの書物の話題なのであります。でありますから、父父たらずとも子は子たれというふうなことばは、この「論語」的な思考からは発生しそうにない。むろん「論語」の中では親に対する愛情、それを〈孝〉ということばでたいへん尊重はしております。これはこのお話の初めにも申しましたが、「論語」をあけますとまず第一章は、孔子自身による学問論ですね、

〈学びて時に之れを習う〉。ところで第二章は、弟子有若のことばで孔子自身のことばではございませんけれども、〈孝弟〉孝行と兄弟仲よくするという、そうした家庭の中の秩序、それが人道の基本であるという、〈有子曰わく、其の人と為りや、孝弟にして上を犯すを好む者は鮮なし、上を犯すを好まずして乱を作すを好む者は、未まだ之れ有らざるなり、君子は本を務む、本立ちて道生ず、孝弟なる者は、其れ仁の本為るか〉孝行と兄弟の愛情、それこそは人道、広い人間の愛情の出発点であろうか、というふうに申しております。さらにまた初めのほうを少し読み進みますと、六番目の章に、これは孔子のことばでありますが、「子曰、弟子入則孝、出則弟」〈子曰わく、弟子入りては則ち孝、出でては則ち弟〉若者よ、奥座敷では孝行を、表座敷へ出ては兄弟仲よく、「謹而信」〈謹んで信〉行ないを大切にして、「汎愛衆而親仁」〈汎く衆を愛して仁に親しめ〉多くの人人に愛情を及ぼして道徳者のいうことを聞け、「行有餘力、則以学文」〈行のうて余力有らば、則ち以って文を学べ〉余裕ができたら学問をするがいいというのが、孔子のことばとして見えますが、その条の一番初めは〈弟子入りては則ち孝〉であります。

以下「論語」の中には〈孝〉を説く章がいろいろあります。ことに私の好きな章、美しい章と思いますのは、「子曰、父母之年、不可不知也、一則以喜、一則以懼」〈子曰わく、父母の年は、知らざる可からざるなり、一つには則ち以って喜び〉お父さん、お母さんはまだ元気であると喜ぶ、〈一つには則ち以って懼る〉もうこの年になられた、老い先長くはないだろうと心配する。その二つの理由から〈父母の年は、知らざる可からざるなり〉それは原文で読みましても、父母之年、不可不知也、一則以喜、一則以懼と、リズムもたいへん美しい文章であります。

そういうふうに父母を大切にすることはしばしば説かれております。しかし親に対して絶対に反抗してはいけないとは説かれておりません。こういう章がございます。「子曰、事父母幾諫」〈子曰わく、父母に事うるには幾諫す〉父母に仕える方法として、父母に欠点があったならば、何か間違った行為があるならば、それをいさめなければならない、忠告しなければならない。しかしその忠告は、〈幾諫〉これは言語学的にはいろいろ解釈がありますが、要するに穏やかに忠告をする、穏やかにではありますけれども忠告をしなければならない。「見志不従、又敬不違」〈志の従われざるを見れば、又た敬して違わず〉こちらのいうことを親が聞かなければ、一そうこちらの身をつつしんで、親にむやみな反撥はしないようにする。「労而不怨」〈労して怨まず〉そのためにいろいろ気を使うことがあっても、親だからうらんではいけないと、そういうふうに親に対してはやわらかな態度をとらなければならないといってはおりますが、〈父母に事うるには幾諫す〉でありまして、親のいうことは御無理ごもっともに聞けとはいっていないのであります。そういうところは「論語」という書物が普通の人から抱かれておりますいろいろな誤解と、実はちがう点です。

ついでに申しますならば、日本ではよく「論語」という書物は、たいへん封建的な書物である、その一方の書物である、と考えられる傾きがあります。私そういう要素が全然ないとは申しません。しかしその一方の書物であるとも思わないのでありまして、よく聞くお話なのでありますが、「論語」という書物はいかぬ、「三尺下がって師の影を踏まず」というふうなことが書いてある、それから「男女七歳にして席を同じくせず」、七つになった男の子と女の子は一しょの部屋にいてはいかぬというふうなことが書いてある、けしからぬ書物である、早く焼いてしまわなければならないというふうな議論を、ときどき聞くのであります。

たいへん残念でございますが、この二つのことばとも「論語」にはございません。まず、「男女七歳にして席を同じくせず」のほうは、これは「論語」にはございませんけれども、別の儒家の経典、「礼記」という書物ですね、「礼記」の「内則」と申しまして、家庭教育のことを説きました巻の中にこのことばがございます。しかしそのことばのもとの意味は、男の子と女の子とは七つになったら同じふとんにすわらせないようにしろという、育児の教えなのであります。そこにはまた同じ食器で食べさせないようにしろ、それまでは同じ食器で食べさせてもいいけれども、七つになったら別の座ぶとんにすわらせろ、食器も別にせよという、そういう育児法の教えなのであります。それが日本へ参りますと、七つになったら顔を見合わさぬようにというたいへん厳粛な教えになって、しかもそれが「論語」のことばだといわれる。これは「論語」にとってたいへんな冤罪であります。

またもう一つの「三尺下がって師の影を踏まず」というほうですね、これはさっきのことば以上に私、その出所を探すのに苦労をいたしました。「論語」にはむろんございません。私も大体これで四十年ばかり中国の本を読んでおりますが、どうもそういうことばにはどこでも出会わない。ということは、私の学問が狭いからのみではないと思いまして、よく友だちに「三尺下がって師の影を踏まず」というのは、一体何にあるのか、それを見つけ出した人には、ごちそうをしようというふうなことをいっておりました。最近、とうとう残念ながらごちそうしなければならない羽目になりました。それはどういう書物にあるかと申しますと、日本の坊さんの教えとしてあるのでございます。そうしてそのことばがたいへん有名になりましたのは、江戸時代の「実語教」という寺子屋の初歩の教科書の中に、それがはいったために有名になったようなのでありますが、元来これはむしろ非中国的な教えです。中国では師弟の関係は、一種の友人関係だと、普通にはされるのであります。そのことは「論語」の中にもあるのでありまして、「子曰、当仁不譲於師」〈子曰わく、仁に当たっては師にも譲らず〉。〈仁〉愛情の問題という議論に関しては、自分の主張が正しいと思ったならば、あくまでも主張すべきであって、先生に対しても譲歩してはいけない、〈仁に当たっては師にも譲らず〉という有名なことばが、これは「衛霊公」という篇にありますように、先生と学生というものはお互いに自由な議論をしあう、そうした間柄である。これはただいまの中国でもそのように思います。といって必ずしもごく最近のことでなしに、私が中国に留学しておりましたのはもう三十五六年前になりますが、どうもやはり先生と学生の関係は常に友人としての面を保持している、「三尺下がって師の影を踏まず」というふうな、そうした厳粛な態度は、中国では見られない。それはむしろ仏教者の教えであって、仏教者はたいへん厳格な修行をとうとびますから、そうした教えが発生したのでありましょうが、必ずしも儒学的ではない、むしろ中国の本来の儒学からいうと少しおかしい、あるいはまた広くしてはむしろ非中国的な教えであるように思います。

そういう点「論語」がいろいろ冤罪をこうむっているということを、この機会に、きょうは少し時間があるので申し述べたのでありますが、さらにもう少し今度は別の方向で申し述べたいことがあります。

それは再び孔子の伝記に返りますが、三十代の中ほど、斉におりましたころ、そのころの斉の国の状態というものであります。「論語」が生まれましたその周辺の社会が、一体どういう社会であったか。あの強い理想主義的なことばを孔子が吐き続けたころ、その周辺にありました世の中の実際は、たいへんきたないものであった、驚くべききたない世の中であった、そのきたない世の中への反撥として、孔子の清らかなことばは吐かれたということを、これまたこの機会にすこし申し述べたいので、明日は斉の景公を取り巻きましたいろいろと当時の三面記事みたいなことを、申し上げたいと思います。

では、また明日。

第八回　孔子を取り巻く世の乱れ（一）

皆さん、おはようございます。「論語」という書物が私どもを引きつけますのは、その重要な原因として、そのことばが強さをもっているということだと、私は感じます。強いことばは幾らでもあげることができるのでありますが、試みに一つをあげてみますならば、これは晩年のことばでありますけれども、孔子という人はどういう人かということを、葉という これは南方にある国でありますが、そこの君主が孔子の有力な弟子の一人である子路に尋ねました。「葉公問孔子於子路、子路不対」〈葉公孔子を子路に問う、子路対えず〉子路は問いに対して格別の返事をしなかった。するとそのことを聞きました孔子は、次のように申しました。「子曰、女奚不曰」〈子曰わく、女奚んぞ曰わざりしや〉お前はなぜこういってくれなかった。「其為人也、発憤忘食、楽以忘憂、不知老之将至云爾」〈其の人と為りや、憤りを発して食を忘れ、楽しみて以って憂いを忘れ、老いの将に至らんとするを知らざるのみと〉その人柄は、興奮すると食事さえ忘れる、かと思うといろいろ世の中に失望しながらも、しかし常に楽観をもち続ける、人間の可能性に対して楽観をもち続け、楽観をもったときには憂いを忘れる、〈楽しんで以って憂いを忘れる〉そうして〈老いの将に至らんとするを知らず〉。そういう人物だとなぜお前はいってくれなかったのか。〈女奚んぞ曰わざりしや〉。

　これなどたいへん強いことばだと感じますが、あるいはまたもう一つあげますならば、「子曰、飯疏食飲水」〈子曰わく、疏食を飯らい水を飲み〉粗末な飯を食って水を飲み、「曲肱而枕之、楽亦在其中矣、不義而富且貴、於我如浮雲」〈肱を曲げて之れを枕とするも、楽しみ亦た其の中に在り、不義にして富み且つ貴きは、我れに於いて浮雲の如し〉。正義をはずれた生活で富み、かつ貴きは、それは私にとっては空に浮かぶ雲のような、つまらないはかないものだと思う。これも有名なことばであります。たいへん強いことばであります。

　こうした強いことばが続続と吐かれておりますのは、そうしてまたその強さが私どもを引きつけますのは、これはもとよりその人格の偉大さにもよりましょうが、同時にまた孔子を取り巻く世界、あるいは「論語」を取り巻く世界の現実は、たいへんみにくいものであったということが、また一つの原因であるように思います。

当時の社会がいかにみにくいものであったかという例として、話をまた孔子の伝記に戻しまして、孔子が三十幾つのとき斉におりまして、斉の景公とこれはきのうまで申して参りました問答、孔子が〈父は父たれ、子は子たれ、君は君たれ、臣は臣たれ〉と申しますと、景公が、なるほどそうじゃ、君主が君主でなく、臣下が臣下でなく、父が父でなく、子供が子供でなければ、幾ら金があっても暮らしてはいけぬぜ、〈粟有りと雖も、吾れ得て諸れを食わんや〉と、斉の景公らしいたいへん下品なことばを申しましたところの、当時の斉の国ですね、たびたび申しますが、当時の中国における一番富んだ国、いまの世界の比率でいえばアメリカのような国、その国の現実がどういうふうであったかということを、孔子を取り巻く歴史、あるいは「論語」を取り巻く歴史の一例として、お話してみたいと思います。

この斉の景公という君主は、たいへん長い在位年数をもったこと、すでに申したとおりでありますが、そのころの斉の国はお家騒動の連続であります。君主の家が絶えざるお家騒動に悩まされておりますのみならず、何軒かあります家老の家家も、みなそれぞれにお家騒動を繰り返しているのであります。まず第一にこの景公の即位がすでにお家騒動によるものであります。景公の前の君主は、斉の荘公と申しますが、そのそばにおります宰相は崔杼といって、これもぐうたらな人物でありました。ところでこの宰相の崔杼の細君というのは、たいへん美人でありました。またそもそもこの美人の細君をもらいます経過が、あまり愉快なものではありません。この女性は最初別のやはり貴族の奥さんだったのでありますが、主人がなくなって未亡人になりました。その主人の葬式に総理大臣は弔問に参りました。と、細君がたいへん美人なので、あれをおれの女房にすると申しました。ところがこの総理大臣とその美人とは、実は同族の親類なのです。同族間の結婚は、当時の中国ではたいへんきびしいタブーだったのであります。で、人人はとめましたけれども、崔杼は聞き入れません。人人がせめて一度占ってごらんになってはどうかと申しますので、崔杼もやむを得ずして占いにかけてみました。占いの結果は次のような予言が出ました。予言ですからそのときはよくわかりませんが、石が邪魔なので、いばらの上に腰をかけた、「石に困(なや)みて、蒺藜(しつれい)に拠る」、そうして「其の宮(きゅう)に入りて、其の妻を見ず、凶」家に帰っても女房はいない、凶、そういうおみくじが出ました。けれども、崔杼はいうことを聞きません。あの女は不幸を招くとおみくじはいうけれども、もう不幸は現に招かれている、亭主が死んだじゃないか、亭主が死んだことで不幸は済んでいるから、おれは女房にするといって、その女を女房にしたのであります。

ところが、どうしたことか、この女性が君主の荘公とも仲がよくなりました。そうして君主はしばしば総理大臣の家を訪問いたします。奥さんに会うためにであります。そうしてこの君主もたいへんばかな君主だったのでありましょう、総理大臣の家へ遊びに参りまして、その辺に総理大臣の帽子が落ちているのを宮中にもって帰りまして、見せびらかしたりいたしました。侍従がいさめますと、かまわない、帽子はだれだってかぶっている、この帽子が総理大臣の帽子だとだれにわかるものかと、そういうふうにいっておりました。

ところが野心家の崔杼は、女房をそういうふうに君主とくっつけておいて、実はひそかに機会を待っていたのであります。ある日、例のごとく君主の荘公が崔杼の家を訪問いたしますと、応接室には崔杼の夫婦がおりました。君主の愛人でありますす女性ばかりでなしに、亭主の総理大臣がそばにいる。そうして二人ともちょっと失礼をいたしますといって、そばのドアから出て行きました。そうすると、外にときの声が起こりまして、君主は崔杼の家の兵隊に囲まれている自分を発見いたしました。君主は兵隊たちに向かって申しました、おれはこの国の君主だぞ。兵隊を指揮いたします隊長は冷然として答えました。どなたかは存じません、私どもの任務はこの総理大臣官邸を警護するということだけでございます。ここにいらっしゃる見知らぬ方、あなたは死ななければなりません。こうして君主は殺されてしまったのであります。この複雑な陰謀で一人の君主を殺しました崔杼があとに即位させました幼い子供が、孔子と〈君君たれ、臣臣たれ〉というあの問答をかわしました景公なのであります。その景公が五十八年という長い在位の期間をもつのでありますが、その間にも不愉快な事件はいろいろと起こります。

また前の君主を殺しました崔杼の家にもお家騒動が起こります。崔杼はその美人をかわいがりまして、子供を生ませ、その子供を跡取りにしようといたしますが、おさまらないのは、前の奥さんの生みました長男であります。跡取りときまっている自分の地位があぶないということで、親を殺そうと計画いたします。しかし、計画は崔杼に悟られ、親子の仲がおかしなぐあいになります。〈父父たれ、子子たれ〉でなしに、父は父たらず、子は子たらざることになります。ところで子供のほうは、もう一人の有力な家老でありました慶封（けいほう）という人間に相談をいたしました。どうも、うちのおやじは今度の若い母ばかりかわいがって、おかしなことばかりしております。ところで崔の家と対立の関係にありました慶封は、よろしい、それならばわしはお前を援助しよう。下心としては対立者である崔の家が滅びるのは、自分にとっていい都合だという考えがあったのでありましょう。よし援助しようと申しますが、しかし結局事柄はうまく参りませんで、計画を父の崔杼のほうが先に悟ります。そうして子供を殺してしまいます。子供を殺したばかりでなしに、その騒動の飛ばっちりで、美貌の妻もなくなります。「其の宮に入りて、其の妻を見ず、凶」という予言はみごとに的中したわけであります。

そうしてかく一族が互いに同志打ちをして死んでしまった屋敷へ、崔杼は帰って参りました。見ると、むすこたちは全部死に、若い美しい後妻も首をくくって自殺をしている。世をはかなみました崔杼は、自分も自殺をいたします。そういうふうな事件が起こります。

事件はそればかりではありません。対立者を倒しましたもう一人の慶封という家老も、自分の婿にそむかれます。これはこれでお家騒動を経験するわけであります。その経過はたいへん複雑でございますが、結局、慶封もよその国に亡命をしなければならないという最後になります。

以上の事柄は、大体孔子の四歳のころから十四歳のころ、ちょうど〈われ十有五にして学に志す〉という、ちょっと前までの間に起こりました斉の国の事件なのであります。なお、ここで一つのことを申し添えますならば、最初崔杼が陰謀によって初めの君主荘公を殺しましたときに、その国の歴史官が、「崔杼その君を弑す」と記録に書いた。崔杼は怒って、その歴史官を殺してしまった。そうすると、その史官の弟が政府へかけつけて、もう一度「崔杼その君を弑す」と記録に書いた。崔杼は怒ってその弟も殺しましたが、そうするとさらにその下の弟、更にはまた別の家の史官が、正しい記録を政府に残すべくかけつける途中であったので、さすがの崔杼もかぶとを脱いだということは、言論の自由を守るための強烈な事件の例として、よくひきあいに出されることであります。要するにそうした不愉快な事件ばかりが斉の国にありました。

しかもさらに斉の国の事態を複雑にいたしますのは、いままで申しましたような貴族たちは、いずれも実は斉の王室と親類関係にある王族なのであります。王族たちがそういうふうにお互いの嫉妬やら何かで殺しあいをする、それを冷静に見守っているまた別の一軒の家がありました。それは陳という苗字の家でありまして、よその国からの帰化人を先祖とし、そうしてだんだん勢力を得ていった家なのでありますが、国の政治の実権はだんだんこの陳の家へ移ってきます。その方法はたいへん巧妙でありまして、人民に米を貸してやるが、貸してやるときは大きなますを使う、返却するときには小さいますでよろしい。近ごろの選挙の事前運動に似たような方法でありますが、そういうことをやって人心を収攬する。で、実権は王室及びそれを取り巻く貴族たちを去って、だんだんその帰化人の家へ移って行きました。「論語」のこの前申しました、〈子、斉に在りて韶を聞く、三月肉の味わいを知らず、曰わく、図らざりき楽を為すことの斯こに至るや〉という章につきましても、前に申しましたような普通の解釈のほかに、この事態とむすびつけた奇妙な解釈が発生しております。この解釈は少しおもしろ過ぎるようですが、こういうのであります。すなわち孔子は必ずしも音楽の美しさに感動したのではない、この〈韶〉という音楽は、実はこの簒奪者の帰化人である陳の家の先祖がつくった音楽である、陳の家の先祖というのは、古代の聖天子である舜(しゅん)、堯舜の舜です。その舜の血につながる家がこの陳の家でした。で、孔子は斉へ参りまして、ほかでは聞けない〈韶〉の音楽がこの陳氏の家に伝わっているのを聞き、古代の聖人の音楽がこの野心家の陳の家に伝わっているとは予想もしなかったというおどろきのことばが、〈図らざりき楽を為すことの斯(こ)こに至るや〉であるという説でございます。一体、「論語」の解釈というのは、非常によく読まれた本でありますだけに、いろいろ突拍子もない説も飛び出しているのであります。古来の「論語」の解釈、それは何百何千とありましょう。中国のもの、日本のもの、あるいはまた近ごろ西洋人の訳もいろいろございます。この間なくなったアーサー・ウェレーさんの訳なんか、たいへんいいのですが、それら全部を合わせると何千とありましょう。そのため奇説のコンクールみたいな感じもあるのでして、今の章についても、そういう解釈さえ生まれている。しかしそれはむしろ余談です。私がいいたいことは、孔子を取り巻く世の中がいかにきたない見苦しいものであったかということをお話したかったのであります。

第九回　孔子を取り巻く世の乱れ（二）

皆さん、おはようございます。孔子を取り巻きます当時の世の中、あるいは「論語」を取り巻きます当時の世の中、それが不愉快な事件に満ちていた。〈父父たれ、子子たれ、君君たれ、臣臣たれ〉ではなくして、父は父たらず、子は子たらず、君は君たらず、臣は臣たらざる世の中であったということ、また孔子は〈不義にして富み且つ貴きは、我れに於いて浮雲の如し〉と申しましたが、〈不義にして富み且つ貴き〉人間が、どこの国でもうじゃうじゃしていた。ということは、これは孔子のころの歴史を詳細に書きました「春秋左氏伝」を読みますと、よくわかるのであります。「論語」の中にみなぎるもの、これはたいへん崇高な理想主義でありますが、その外側の現実を伝えました「春秋左氏伝」は、きたない、不愉快な、どろどろした事件に満ち満ちております。昨日お話いたしました隣国の斉（せい）の国の様子はその一つにすぎないのでありまして、やや北

のほうの国であります衛、この国ではやがて次のような事件が起こります。父親の君主が子供を勘当いたしまして、国外に放逐をいたします。そうしてその子供の生みました孫を王位継承者として指定してなくなりました。祖父がなくなりましたあとは孫が即位をいたしますが、今度は父親が外国から帰って参りまして、王位継承権をもっているのはおれだといって、父が指定いたしました孫と、王位を争うというふうな事件、これは孔子の晩年の事件であって、当時の各国に頻発いたしましたお家騒動の中でも最も複雑なものでありますが、そうした事件さえも起こっております。

また孔子自身の祖国であります魯の国も、決して平穏ではありませんでした。魯の国はこの前にも申しましたように、当時の中央朝廷でありました周王朝と一番近い親族の国なのでありますが、この国でも秩序はすでに早くから失われていました。ことに孔子の時代、王室の勢いはたいへん衰えまして、その下におります三軒の家老の家、それを三桓と申します。季孫氏、孟孫氏、叔孫氏、という三軒の家老の家が実権を握っておりました。そうしてこれは孔子三十歳のころ、つまり〈三十にして立〉ったころでありますが、三軒の家老のうちでも最も有力な家でありました季孫氏の当主が、当時の君主であります昭公と争いまして、昭公をとうとう国外へ放逐する、昭公は隣国の斉の国に亡命をするというふうな事件が起こります。孔子が斉の国へ参りましたのも、こうした魯

の国内の混乱を避けてであるという説もあります。

ところで、かく君主を放逐するほど勢力をもっておりましたこの季孫氏の家も、決して安泰ではない、実際の権力はさらにその執事であります陽貨(ようか)という人間がだんだん握るようになっておりました。この人物は陽貨という名のほかに、もう一つ、陽虎(ようこ)という名前をもっている人物でありますが、たいへんな野心家でありまして、それが家老季孫氏の家の実権を握るというふうに、下剋上の時代であります。孔子のころの封建制は、江戸時代の徳川幕府よりもむしろ室町時代の足利幕府の時代に似ているといつか申しましたが、この点でもそうなのでありまして、中央の周王朝が足利将軍に当たるとすれば、その力はだんだん衰える、そうして管領の家の細川とか山名とかが実権を握る、その細川、山名も、その家臣がさらに実権を握るというふうな状態にあったのであります。で、魯でも孔子が四十前後のときですね、〈四十にして惑わず〉のころ、孔子は斉の国から再び魯に帰ってきたようでありますが、そのころ魯の国の実権を握りますのはもはや魯の君主でもない、それからまた三軒の家老もだんだんと勢いを失いつつある。一番勢力をもっているのは、松永弾正とも申すべき陽貨であります。「論語」の中にこの陽貨が孔子と接触したという記事がございます。

それはおしまいの方の篇でありまして、篇の名前も「陽貨」第十七、二十篇あります中の第十七篇であります。その「陽貨」第十七篇の一番初めに、野心家の陽貨がそのころだんだん名声を高めつつあった孔子に対して誘いをかけた、おれの仲間にならないか、おれのために働かないかと誘いをかけたという記事がございます。ちょっと読んでみますと、こういうのであります。「陽貨欲見孔子」〈陽貨孔子を見んと欲す〉陽貨は孔子に会いたく思った。「孔子不見」〈孔子見ず〉。この人物は正しくない人物であると孔子は見ぬいたのでありましょう、孔子は会うことを拒絶した。すると陽貨もさるものでありまして、「帰孔子豚」〈孔子に豚を帰る〉孔子の家へ豚のまる焼きを一匹届けた。ちょうどただいま代議士が当選いたしますと、鯛を一ぴき届けるようなものであります。〈孔子に豚を帰る〉「論語」にはそう書いてございますが、「論語」よりやや後の書物「孟子」では、孔子の留守のときを見計らって豚を届けた、と、一そう手の込んだしかたをしたと書いてあります。いやな人物でも、物をもらったとなれば、お礼に行かなければなりません、そういうことを見込んで豚のまる焼きを届けたのでありますが、孔子もさるものであります。「論語」を読みますと、「孔子時其亡也、而往拝之」〈孔子その亡きを時として、往きて之れを拝す〉孔子のほうでも陽貨が留守であるときを見計らって、お礼に行った、そうすれば会わなくても済むわけであります。ところが、折あしく外出をしておりました陽貨が、向こうから帰ってきたのであります。「遇諸塗、謂孔子曰」

〈諸れに塗に遇う、孔子に謂いて曰わく〉陽貨は孔子を呼びとめて申しました。「来、予与爾言」〈来たれ、予れ爾と言わん〉。少しお話があります。「曰、懐其宝而迷其邦、可謂仁乎」〈曰わく、其の宝を懐きて其の邦を迷わす、仁と謂う可きか〉あなたは宝石にも比すべきりっぱな才能をもっておられる、にもかかわらず、その才能を実際の政治家として働かせずにその国の人間をいろいろ惑わしていられる。〈其の宝を懐きて其の邦を迷わす、仁と謂う可きか〉それはあなたがしょっちゅう言われる愛情、人道といってよかろうかと問いかけました。「曰不可」〈曰わく、不可〉孔子は答えました。いや、なるほど、おっしゃるとおりそれは〈仁〉とは申せますまい。陽貨はさらに畳みかけて申しました。「好従事而亟失時、可謂知乎」〈事に従うを好みて亟しば時を失う、知と謂う可きか〉あなたはいろいろ仕事をしたいという、そうしてたびたびそのきっかけを見送っている、それは知恵者といっていいか、それでも知恵者といえるか。孔子はやむなく「曰不可」〈曰わく、不可〉いや、なるほど、それは知恵者と申せますまいと答えました。と、陽貨はさらに畳みかけて申しました。「日月逝矣、歳不我与」〈日月逝きぬ、歳我れと与にせず〉時間はどんどんたってゆきますよ、あなたももう四十を過ぎている、早く何とかなさい、ということは、早くおれの仲間になれということであります。「論語」にはさらに申します。「孔子曰、諾、吾将仕矣」〈孔子曰わく、諾、吾れ将に仕えんとす〉よろしい、私は役人になりましょうと。「論語」はそこで終わっておりますが、このときに孔子が仕えた形跡はございません。道で呼びとめられましたのでそうは申しましたものの、陽貨の人物を好ましく思わなかったのでありましょう、そのときの魯の国の実力者でありますけれども、その人物を好まなかったのでありましょう、孔子は仕えませんでした。

ところでこの話は、孔子という人物がたいへん思慮の深い人物であることをも示しております。自分の留守に物が届いた、そのお礼に行くのに、やはり向こうの留守を見計らって行った。残念ながら計画はうまく成功せず、陽貨が外出から帰ってきたので途中で呼びとめられたことになっておりますけれども、孔子という人がたいへん現実を尊重するだけに、そうした現実のこまかな事柄に対してこまかく気のつく人であったということをも示しております。

同じような思慮のこまかさは、「論語」のほかの条にも見えるのでありまして、同じく「陽貨」篇には、次のような話もあります。孺悲という人物、これはどういう人物か全然わからないのでありますが、とにかく「孺悲欲見孔子」〈孺悲、孔子を見んと欲す〉孺悲が孔子に会見をしたいといってたずねてきた。「孔子辞以疾」〈孔子、辞するに疾を以ってす〉孔子は、いま自分は病気ですからといって面会を断わった。しかし、「将命者出戸」〈命を将のう者、戸を出づ〉取り次ぎの者が部屋のドアから出ていくと、「取瑟而歌」〈瑟を取って歌う〉そばにあった琴を引き寄せて歌を歌い、「使之聞之」〈之れを使て之れを聞かしむ〉孺悲にその声を聞かせた、つまり自分は実際は病気でない、ただあなたには会いたくない、その会いたくない理由なり原因が何であったかはわからないのでありますけれども、とにかく会いたくない人物であったのでありましょう。だから自分は家にいるけれどもあなたには会いたくないという気もちを、そうしたやり方で婉曲に示した。ここらあたり、本居宣長にいわせますと、また孔子という人物は、なんとまあ率直でない人間だろうとしかられそうでありますが、しかしとにかくたいへんそうしたこまかな思慮をもつ人柄であったことを、これらの話は示しております。

それよりもさっき読みました陽貨との交渉は、孔子の名声が〈四十にして惑わざる〉ころからだんだん魯の国でも高くなってきた。そうしてまた孔子の理想は、これはすでに申しましたように、愛情による政治をだれかを媒体として実践したいというのであり、それこそ孔子の理想の中心となる部分でありますが、そうした理想を抱いている人物であるということが、だんだん人人の評判になり、陽貨のような野心家もそれを利用しようとした、そういう地位にあったということを示しております。

そうしてこの陽貨という人物は、後にとうとうむほんを起こすのであります。主人で当時の季孫氏の当主は季桓子と申しますが、この主人の季桓子を軟禁いたします。軟禁して政権をおれに譲れと脅迫いたします。季桓子はなかなか言うことを聞かない。で、軟禁の状態にあったのでありますが、「春秋公羊伝」というまた当時の別の歴史を読みますと、陽貨の家につかまっていた季桓子のところへ、他の二軒の家老の家から差し入れがある、孟孫氏叔孫氏から食べものを差し入れる。その弁当箱のふたに季桓子は爪でおれを救ってくれ、SOSを書いて渡した、そういうおもしろい話さえもございます。で、陽貨は主人がどうしてもいうことを聞かないので、とうとう彼を殺すべく、馬車に乗せて刑場へ向かいました。そのとき御者になったのは、季桓子とやはりゆかりのある人物でありましたので、季桓子は馬車の中で御者に語りかけました。お前も、おれの家の息のかかった者だ、おれを救えないか、何とかしろ、そう話しかけましたところ、御者は、四つつじまで参りますとむちをわざと落としました。すると監視のために乗っておりました陽貨方の者がおりてそれを拾いました。その間に御者は馬車を一気にかり立てまして、二番家老の家へ季桓子を送り届けた、そういうことで季桓子は危うく命を助かったというふうな事件、これは孔子が〈五十にして天命を知る〉と申しました五十の年に起こっております。こうした深刻な事件が孔子の祖国でありますところの魯の国においても続続として起こりつつあった。そうした環境の中で、「論語」のたいへん調子の高いことばが吐かれているということは、「論語」だけを読んでおりますとよくわからないかもしれません。しかしながら当時の歴史の背景を振り返ってみますと、いかに孔子のことばが困難な状況の中で理想に燃える人の口から出た、あるいはその弟子たちの口から出た崇高なことばであったかということが、わかるのであります。

それからまたこういうことが「論語」の中にはございます。そのころの孔子は、実はだいぶあせっていた、自分の理想を何とかして実現しようと思いながら、なかなかそれができない、それで陽貨に対しましては、以上のような冷淡な態度をとりましたけれども、もう一人、陽貨と同じように反乱を起こした人間がある。その人間が孔子を招いたときには、孔子はその招きに応じようとしたという話、それもほかならぬ「論語」に見えております。

明日にいたしましょう。

第十回　政治を通じて理想を実現する

おはようございます。昨日、お話をしかけておりました陽貨という人物が魯の国で起こしました反乱、それは孔子五十歳のときに起こっているのであります。そうして陽貨はそれより前に孔子におれの仲間にならないかと誘いかけた、しかし孔子はそれに応じなかったということが「論語」の「陽貨」篇にあるのであります。この人物は孔子にそういう誘いかけをいたしまして後数年で、とうとう反乱を起こします。しかし反乱は結局は失敗いたしまして、陽貨は国外へ亡命いたします。「宝玉大弓」といって、魯の国の三種の神器のようなものを盗み出して国外へ亡命しただけで、陽貨の反乱そのものはそれで終わるのでありますが、ここに一つ奇妙なことがありますのは、この陽貨の仲間で、陽貨と同じころに反乱を起こしましたもう一人の人間がおります。それは公山弗擾、公山が苗字、弗擾が名前でありますが、やはり当時の魯の国の政治体制に対して不満をもつ人物、これはまたこれで反乱を起こしました。そうして費という町、これは魯の国の首都でありますあの孔子のお社がありますあの山東省の曲阜県でありますが、その曲阜の東南百キロばかりにある町です。その費を根拠地といたしまして反乱を起こしたのでありますが、その男が孔子を招聘いたしました。ところがこの招聘に対しては、孔子はそれに応じようとしたということが、やはり「論語」の「陽貨」篇に書いてあります。

この章は「論語」の中でもいろいろ問題の多い章でありますが、とにかく読んでみますと、「公山弗擾以費畔、召、子欲往」〈公山弗擾、費を以って畔く、召す、子往かんと欲す〉。孔子はその招聘に応じようとした、ところがそれをとめた男がいる。孔子の十大弟子の一人の子路であります。「子路不説、曰、末之也已」〈子路説ばず、曰わく、之く末ければすなわち已む〉子路はふきげんになりまして、どこも行きどころがないというのならば別です。「何必公山氏之之也」〈何んぞ必ずしも公山氏に之れ之かんや〉あんな公山弗擾のところなどいらっしゃるというのはどうしたことですか、先生にも似合わない。そう子路は腹を立てて申しました。孔子はそれに対しまして、「子曰、夫召我者、而豈徒哉」〈子曰わく、夫れ我れを召す者は、豈に徒らならんや〉私を招聘するものは招聘をしたいだけの理由があって私を呼ぶのであって、むだに呼ぶのではない。ということは、彼は私の理想を理解すればこそ私を招聘するのだろう、私の理想を理解せずして招聘するということはないはずだ、むだに私を招聘するということはないはずだ、彼は私の理想の理解者であろうと、孔子に同情的に読めばそうなります。そうして、さらに積極的なことを申します。「如有用我者、吾其為東周乎」〈如し我れを用うる者有らば、吾れ其れ東周を為さんか〉自分を使ってくれるものがあったならば、私はあの東周のようなりっぱな政治をやりたいのだ。〈東周〉ということは少し説明を要します。東の周、周王朝の周であります。このことばもいろいろ解釈に問題がありますが、結論といたしましては、周王朝の初期、これはたいへんな文化国家であった。まず文王というすぐれた指導者がいた。そのむすこにも武王という政治と文化のすぐれた指導者がいた。さらに武王の弟であり、同じく文王の子でありますが、周公という、最もすぐれた人物、これは人類の文化の法則を定めた、孔子のことばによれば、礼楽、礼と音楽であります、この二つの文化生活の法則を人類のために定めた偉人です。かく文王、武王、周公という、偉人が輩出したのが、周王朝の初期の状態でした。それは孔子のころ、もはやすでに相当伝説化して伝えられていたでありましょうが、それが孔子の理想の時代として過去にあったということは、「論語」のあちこちにそういうことばが見えるのでありまして、有名な美しいことばといたしましては、「子曰、甚矣吾衰也、久矣吾不復夢見周公」

〈子曰わく、甚だしいかな吾が衰えたるや、久し吾れの復た夢に周公を見ざるや〉私の健康も衰えた、私が若いころは、われわれの文明の創始者である周公を私はたびたび夢に見た、しかし〈甚だしいかな吾が衰えたるや〉私の健康もこんなに衰えたか、〈久し、吾れの復た夢に周公を見ざるや〉。私が周公に夢でお目にかからなくなってからもうずいぶんになるという嘆き、これは世界の夢の文学を考えます上においても、たいへん美しい一条であると思いますが、そういうことばもあります。また後に申しますが、「文王既没、文不在茲乎」〈文王既に没す、文茲に在らざらんや〉文明の創始者であり指導者であるかの文王は、数百年前になくなった、だとするとその継承者はほかならぬこの私でないかという、たいへん強い自信のことばも吐いております。

そういうふうに孔子から申しますと五六百年前、西洋紀元前一一〇〇年ごろにそうした理想の時代があった、その理想の時代の文化的な政治、それをもう一ど再現したいというのが〈吾れ其れ東周を為さんか〉ということばの意味だといわれております。

しかしながら、とにかくこの公山弗擾という男は、「論語」にも〈費を以って畔く〉と書いてあります。畔くといえば、それは正当なものに対してそっぽを向いたということばなのであります。それに孔子がその招聘に応じようとしたということは、これはたいへん難解なこととされております。歴代の解釈者たちの解釈は、この章に至っていろいろと難航をしているようであります。あるいはまた、前世紀の末から今世紀の初めにかけまして、中国に康有為（こうゆうい）という有名な学者がおりました。この康有為氏は自分自身革命家でありまして、現在の中国革命の父であります孫文氏、また章炳麟（しょうへいりん）氏なんかと並んで、康有為氏もただいまの革命の一つの源となる人でありますが、この康有為さんなんかは、孔子は革命家だった、当時の政治体制にあきたらずして新しい体制を考え、それを実践しようとした、そうした革命の意欲をはげしくもっていた人物であると主張いたしまして、「孔子改制考」、孔子が制度を改めたことについて、という有名な書物を書いたりしておりますが、この康有為氏なんかはただいまの〈公山弗擾、費を以って畔く、召す、子往かんと欲す〉という一条を、たいへん重視いたします。そうして孔子が革命家であったことは、この条などが有力に示していると主張するのであります。

　それはともかくといたしまして、この章が事実であるといたしますと、〈五十にして天命を知り〉ました孔子、〈天命を知る〉ということは、人間のもつ運命、その最も大きいものは人間の一生が有限ということであると思いますが、そうした天の人間に与える運命、それを知るとともに、〈天命〉ということばは、天の人間に与える使命をも意味するとすれば、はげしい使命感にかられた結果、必ずしも妥当でない、少なくとも当時の常識は妥当としない公山弗擾の反乱に対しても、その招聘に応ずる気持ちがあった、そのとおりの事実でなくても、何かそれに似た気持ちが孔子に動いていたということを示すものかと思います。

なおついでに申しますが、そのときに孔子をとめたのは子路であります。〈子路説ばず〉この子路というのは、弟子の中でも最も特徴のある人物であります。なくなりました中島敦さんに「弟子」という短篇がありますね、あの主人公は子路でありますが、この人物は元来は遊侠の仲間にいたと書いてあります。つまり町の暴力団であったのでありますが、それが孔子に会ってたいへん感心して、それからたいへん忠実な弟子になるのでありますが、孔子の弟子になりましてからも、孔子の門人の中で一番元気のいい人物であります。孔子は彼を評しまして、「若由也不得其死然」〈由や其の死を得ざるがごとく然り〉。ほかの弟子たちはみなおとなしいが、由というのは子路の実名であります、由よ、お前だけは畳の上で死ねそうにないと、そう申しております。はたしてその予言のごとく、後に子路は衛の国のお家騒動に巻き込まれまして、打ち死にをいたします。また「論語」の別の条では子路をほめまして、「衣敝縕袍、与衣狐貉者立而不恥者、其由也与」〈敝縕袍を衣て、狐貉を衣る者と立ちて恥じざる者は、其れ由なるか〉ぼろぼろの破れた綿入れ羽織を着て、しかも隣りに上等の毛皮を着た紳士が立っていても、その隣りに立っていながら恥ずかしそうな顔をしない、それはきっとお前子路だろうといったり、また「論語」の中でもたいへん有名な条でありますが、「由、誨女知之乎、知之為知之、不知為不知、是知也」〈由や、女に之れを知るを誨えんか〉子路よ、知識とは何であるか、認識とは何であるか、それを教えてあげようか、〈知るを知ると為し、知らざるを知らざると為す、是れ知るなり〉ちゃんと認識し得たことを認識だと考える、認識し得ないものは認識の外にあると考える、それこそほんとうの認識だということばも、子路に向かっていわれております。子路というのは出身が出身でありますから、いつも突拍子もないことをいったり考えたり行動したりするので、〈知るを知ると為し知らざるを知らざると為す、是れ知るなり〉という、たいへん確実なことばがこの弟子に向かって吐かれているのでありましょうが、この〈公山弗擾が費を以って畔いて、子往かんと欲〉したときも、それに対して腹を立てまして、先生、それはいけませんと、まっ先にいったのは子路であります。

また同じようなことは、これは晩年にもございます。これもやはり「陽貨」第十七の巻にあるのでありますが、今度は仏肸という人物、これはいまの山西省を領有しておりました晋、そこの国の人間なのでありますが、それがやはりその地帯で反乱と申しますか、政治運動を起こした。「仏肸召」〈仏肸召ぶ〉そのときも「子欲往」〈子往かんと欲す〉孔子はそこへ行こうと思った。「子路曰」〈子路曰わく〉またそれをとめたのは子路であります。「昔者由也聞諸夫子」〈昔は由や諸れを夫子に聞く〉先生は昔、こうおっしゃったことがあります。それを私はこの耳で聞きました。「曰、親於其身為不善者、君子不入也」〈曰わく、親ら其の身に於いて不善を為す者は、君子入らざるなり〉自分自身現実に妙な行動をしている人間のところへは、紳士は足を踏み入れない、先生そうおっしゃったではありませんか。いま、「仏肸以中牟畔」〈仏肸中牟を以って畔く〉中牟という城を根城にして反乱を起こしている。「子之往也、如之何」〈子の往くや、之れを如何〉先生、そこへいらっしゃるつもりですか、どうしたというのです、先生は本気でいらっしゃるつもりですか。

　事件は孔子の晩年のことでありますが、そのときにも孔子は答えております。「子曰、然、有是言也」〈子曰わく、然り、是の言有るなり〉なるほど、おれはそういったことがある。しかしそれは普通の場合のことで、いまは非常の場合である。「不曰堅乎、磨而不磷」〈堅しと曰わずや、磨して磷らがず〉おれはたいへん堅固な人間だ、そうした少し妥当でないものと一しょになっても、私のこの固さはそのためにすり減ることはない。「不曰白乎、涅而不緇」〈白しと曰わずや、涅して緇まず〉私はたいへん潔白な人間だ、幾らどろをかぶっても黒くなることはない。「吾豈匏瓜也哉、焉能繋而不食」〈吾れ豈に匏瓜ならんや、焉んぞ能く繋りて食らわれざらんや〉私はあの棚にぶら下がっているへチマではない、ぶら下がったまま人に食べられずじまいになるのはいやだ。せっかく才能も理想も能力も私はもっているのに、ぶら下がったままで人から食べられない。それは苦い瓜だからとある注釈者は申しますが、それはともかくとして、そうした状態のままでいるのはいやだ。だからおれは行くつもりだ。そこにもおれの理想を働かせる場所はあるのだ。

このときも、結局その仏肸のところへは行かずじまいだったようでありますが、こういうふうなことばは、孔子が常に政治というものをたいへん重要に考えて、理想的な政治の実践を常にみずから引き受けようとする、そうした理想に燃えていたということを示しましょう。どうも私はあまり政治のことはわかりませんので、これからも申しますように、孔子のこうした考え、人間の善意、愛情というものは、政治を通じてこそ行なわれるという考えに、必ずしも同感しないわけではありませんけれども、どうももう一つ私自身の心から納得した思想とし得ないのでありますが、孔子という人の考えはそうでありました。また孔子に始まりますところの中国の儒学というものが、常に政治への関心を重視する、それは儒学がはやらなくなったただいまの中国においてもまさしくそうであると思います。文化は政治を離れては存在しないというのが、ただいまの大陸の中国の主張でありますし、あるいは大陸ならざる中国においても、それはそう主張されているでありましょうが、その源はやはり孔子にある。そのことは後に触れる機会もあると思います。きょうはまずそれに触れた最初になるでありましょう。

では、また明日。

第十一回「政を為すに徳を以ってす」

おはようございます。昨日は孔子が政治というものを人間の生活の中でたいへん重要なものと考えて、彼自身それにたいへん熱心であったということにお話が及んだのでありますが、政治への関心は「論語」の中で重要な問題として常に働いております。少しその方向へお話をもってまいりましょう。もっとも孔子の申します政治というのは、あくまでも道徳による政治なのであります。

「論語」の第二篇は、「為政」第二と題する篇でありますが、その最初にはこう書いてあります。「子曰、為政以徳」〈子曰わく、政を為すに徳を以ってすれば〉道徳によって政治を行なえば、「譬如北辰居其所、而衆星共之」〈譬えば北辰の〉それは比喩でいえば北極星が、〈其の所に居て〉みずからは不動の位置に居すまいつつ、しかも〈衆星〉もろもろの星が、〈之れに共こうが如し〉道徳によって政治をすれば、それはちょうど北極星がその場所にじっとしている、その周囲には美しい星空が旋回している、多くの星どもが北極星のほうへ向かってうやうやしくおじぎをしている、そのような姿になる。これは比喩としてはたいへん美しい比喩だと思います。中国の空の美しさは、日本のような水蒸気の多いところとは全然違っておりまして、美しいカーテンを広げたように星空がすぐそこに見えますが、そのまん中にいるのは北極星です。道徳による政治は、北極星が〈其の所に居て、衆星之れに共こうが如し〉というのが、「為政」第二の初めにある一章であります。

ついでに申しますが、「論語」の篇名のつけ方は、たとえばこの篇は一番初めの章が「為政以徳」〈政を為すに徳を以ってす〉ではじまりますので、その初めの二字をとって、その篇全体を「為政（いせい）」第二というのであります。また第一篇が「学而（がくじ）」第一でありますのは、「子曰、学而時習之」〈子曰（しい）わく、学んで時に之（こ）れを習う〉でありますから、その「学而（がくじ）」の二字をとって、「学而」第一というのであります。「学而」第一が篇名になっておりますけれども、その中には学問のことばかり説いているのではない。また「為政」第二が篇名になっておりますけれども、その中には政治論ばかりがあるのではありません。このことは、「論語」という書物の内容が悪くいえば乱雑であって、いろいろなことが無秩序に飛び出す。よくいえば内容が自由にうごきまわっていて、何か総括した意味を取り出して篇名にしようがない。そうしたことを示します。

中国の他の古い書物では、たとえば「荘子（そうじ）」ですね、「荘子」の第一篇が「逍遥遊（しょうようゆう）」という題なのは、自由な思索の散歩というのがその篇全体の主題になっておりますから、「逍遥遊」なのであります。また「荘子」の第二篇が「斉物論（せいぶつろん）」を題としますのは、矛盾の超克、もののもっている差異の超克、物論（ぶつろん）を斉（ひと）しくするということが主題になっておりますから「斉物論」というのだというふうに、ほかの書物では一篇一篇にそれぞれ主題がある、その主題をまとめて篇名にしているのですが、「論語」は全部で二十篇ありますが、二十篇とも原則としては主題として統一されるようなものがない。たいへん自由に、悪くいえば乱雑に、いろいろなことばが飛び出すから、そうした篇名のつけ方が困難なので、どの篇も、初めの章の初めの字が篇名になっているということを、ついでに申し添えます。

お話をもとへもどしまして、「為政」第二を少し繰りますと、やはり道徳政治を主張いたしましたこういうことばがあります。これも有名な章でありますが、「子曰、道之以政、斉之以刑、民免而無恥」〈子曰わく、之（こ）れを道びくに政（まつりごと）を以ってし、之れを斉（ととの）うるに刑を以ってすれば、民免れて恥無し〉。まず〈之れを道びくに政（まつりごと）を以ってす〉とは、普通常識が尊重する法律による政治であります。そうして〈之れを斉（ととの）うるに〉あるいは〈之れを斉しゅうするに〉刑罰をもってすれば、〈民免れて恥無し〉人民は法律の網をせいぜいくぐろうとして恥知らずになる。それではいけないのであって、「道之以徳」〈之れを道びくに徳を以ってし〉道徳をもって導き、「斉之以礼」〈之れを斉しゅうするに〉あるいは〈之れを斉うるに〉〈礼を以ってす〉文化の法則によって人民に基準を与える。「有恥且格」〈恥有り且つ格る〉そうすれば人民は恥を知るようになる、そうして正しい道に到達するであろうという、有名なことばがあります。

　それからまたあとのほうで政治のことがたくさん説いてありますのは、たとえば「顔淵」第十二、これも顔淵というのは孔子の十大弟子の一人であります、またその筆頭でありますが、その弟子のこととして、「顔淵問仁」〈顔淵仁を問う〉というのが第一章になっているので、そこからついた篇名であります。この「顔淵」第十二の巻なんかには、ことにいろいろと政治に関する章が多いのであります。この前申しました〈斉の景公政を孔子に問う〉斉の景公が政治を孔子に尋ねた、政治の方法を孔子に尋ねた。〈孔子対えて曰わく、君君たれ、臣臣たれ、父父たれ、子子たれ〉というのも、この「顔淵」第十二にあります。

　それからまた少し参りますと、「子張問政」〈子張政を問う〉。子張、これも重要な弟子の一人でありますが、それが〈政を問う〉、「子曰、居之無倦、行之以忠」〈子曰わく、之れに居りて倦む無く、之れを行のうに忠を以ってせよ〉。政治の要諦は、倦怠のない持続というのが、〈之れに居りて倦む無く〉でありましょう。また実行にあたっては人人への忠実というのが〈之れを行のうに忠を以ってす〉。〈忠〉ということばは「論語」にもいろいろ出てまいりますが、これは君に忠ということはございません。人人に対する忠実、真心ということであります。

あるいはまた同じ「顔淵」第十二には「季康子問政於孔子」〈季康子政を孔子に問う〉季康子というのは、魯の国の家老でありまして、一昨日話題にいたしました季桓子のむすこであります。そうしてこれは孔子のごく晩年、孔子の七十のころ、つまり孔子があちこちの国国への放浪を終えまして、しかも放浪の結果はどこにもその理想の理解者がないという失望のもとに、再び祖国の魯に帰りましたころの魯の首相、総理大臣でありますが、年齢は若かったでありましょう。その若い季康子がまつりごとをもう七十の晩年の孔子に尋ねた。すると、「孔子対曰、政者正也」〈孔子対えて曰わく、政なるものは正しきなり〉これはまつりごとという字と正しいという字とは、音が同じであります。ただいまの北京音でも同じでありまして、どちらもヂェン zhèng であります。で、政者正也、zhèng zhě zhèng yě、政治とは正義である。「子帥以正、孰敢不正」〈子帥いるに正しきを以ってすれば、孰か敢えて正しからざらん〉総理大臣であるあなたが正義ということですべての人を導いたならば、〈孰か敢えて正しからざらん〉正義でないものはなくなろう。どうも私は政治のことはよくわからないのですが、これは政治として非常に重要なことに違いありません。もっともそれだけで政治がうまくいくかどうか、政治にはいろいろな技術も必要でありましょう。こう唯心的に、お前がひきいるに正しきをもってすれば、たれかあえて正しからざらんと、為政者が姿勢を正す、それはむろん重要なことでありますけれども、そう姿勢を正しただけですべてがうまくいくものかどうか、私にはよくわかりませんが、とにかく季康子、魯の総理大臣が尋ねましたのに対しまして、以上のように答えております。

さらにまた「顔淵」篇のその次の条では、「季康子患盗」〈季康子盗を患う〉。季康子が、どうもうちの国ではどろぼうが横行して困りますがと、「問於孔子」〈孔子に問う〉どうしたらいいかと孔子に尋ねた。「孔子対曰、苟子之不欲、雖賞之不竊」〈孔子対えて曰わく、苟しくも子の欲せざれば、之れを賞すと雖も窃まず〉あなたが第一欲が深いから、どろぼうというものはできるんだ、君が欲が深くなければ、どうぼうをしろと懸賞を出しても、どろぼうなど起こりゃしませんよ。これは手きびしいといえばだいぶ手きびしいことばでありますが、そう答えております。

季康子との問答はもう一つ、その隣りの章にもあります。「季康子問政於孔子曰、如殺無道、以就有道、何如」〈季康子政を孔子に問いて曰わく、如し無道を殺して、以って有道を就さば、何如〉いろいろ悪いやつがおる、その悪いやつは全部殺してしまって、そうしてよいやつを生かしたらと思いますが、それはどうでしょうか。孔子のそれに対する答えもたいへんきびしいのであります。「孔子対曰、子為政、焉用殺」〈孔子対えて曰わく、子政を為す、焉んぞ殺を用いん〉あなたは政治家ではないか、死刑というふうなことがどうして必要なのか。「子欲善而民善矣」〈子善を欲して民善なり〉あなたがよいことを欲したら人民もみんなよくなる。「君子之徳風、小人之徳草」〈君子の徳は風、小人の徳は草〉為政者の道徳、それは風である、人民たちの道徳、それは草である。「草上之風必偃」〈草は之れに風を上うれば必ず偃す〉草は風のなびくままに方向を変える、あなたさえ善を欲したならば人民はみな善になる。要するに〈政を為すに徳を以ってすれば、譬えば北辰の其の所に居て、衆星之れに共こうが如し〉と初めのほうの「為政」第二で申したのと同じ趣旨ですが、そのように、政治論がいろいろと「論語」では話題になっております、重要なトピックになっております。

ところでこのことは、あるいは孔子の時代には別の学派が、政治というふうなものはつまらないといっていた、そういう非政治的な立場の学派があって、それに対する反撥ではなかったかと、そういい切ってしまうのはいい過ぎになりましょうが、そうした反撥をも含んで孔子は政治を重視したのではないか、そういうことを私は近ごろ考えております。近ごろやっと思いついたこととして、考えております。

中国の古代の思想の中で政治というものの価値をたいへん低く見る思想家、政治というものは人間の生活の中で無用のものだ、附帯物である、無用のものでないまでも重要なものではないと、そういうふうに考えます学派は、老子、荘子などの、普通「道家」と呼ばれる学派であります。そうしてその創始者は老子であるといわれております。そうして「老子」という書物がいま伝わっておりますが、この老子の思想と申しますものは、人間は自然のままに生きるがよい、その自然と申しますのは植物的自然でありますが、文化とか政治とかそういう人為のものは必要でない、人間はおとなしく自然のままに生きているがいいというのが、その学説の根底にございます。それとともに秩序ということ、秩序の尊重ということは、価値というものを重視するから起こる、価値による差別というものを重視するから起こる、価値による差別を重視すれば秩序の尊重となる。秩序の尊重となれば政治というものが必要になりますが、価値の差別というものは考えようによっては、揚棄することができるものである、消滅させることができるものである。「老子」の中の有名なことばとして、「唯之与阿、相去幾何」〈唯の阿における、相去ること幾ばくぞや〉ということばがございます。これはそう申しただけではわかりにくいでありましょうが、少し説明を加えますならば、「唯」というのはただいまの北京音で発音しますれば wēi という、これは古代の丁寧な返事であります。英語でいえばイエス・サー、それから「阿」というのはふんというふうな無礼な返事でございます。イエス・サーというのとふんというのは、考えてみればどれだけの差異があるか、返事であることは同じだ、それと同じように、美と悪と、美しいもの、よいものとされるものと、みにくい悪いとされるもの、その距離だってそれは消そうと思えば消していけるというふうなことば、さらにまたそうした立場から常識が文明と考えるもの、それは無価値なものであると、主張しました。

孔子の思想はいずれあとで申しますように、人間は文明の生活をしてこそ人間であるという、そういう文明主義なのでありますが、それとは反対に「老子」には、「絶学無憂」〈学を絶てば憂い無し〉学問をやめてしまえば人間の心配はなくなるということばが、ただいま引きました〈唯の阿における、相去ること幾ばくぞ、美の悪における、相去ること幾ばくぞ〉ということばの上にあります。あるいはまた「絶聖棄知」〈聖を絶ち知を棄つれば〉。〈聖〉というのは、この場合簡単に理想と訳しましょう。理想というものをなくして、そうして人間の知恵を捨てれば、「民利百倍」〈民の利は百倍す〉人民の幸福はいまの百倍になる。「絶仁棄義」〈仁を絶ち義を棄つれば〉。孔子などがやかましくいう人間の愛情というものをなくして、正義なんてものはもうごみ箱に捨ててしまえば、「民復孝慈」〈民は孝慈に復る〉そうすると人民はほんとうの愛情のある生活に返るであろう。それからまたいろいろな技巧的なもの、それを全部この世の中からなくしてしまいなさい、そうしたら盗賊はなくなる、「絶巧棄利、盗賊無有」〈巧を絶ち利を棄つれば、盗賊は有る無し〉は、これはさっき申しました季康子に対する孔子の答え、あなたが欲望さえもたなければ、どろぼうは懸賞でも出ませんよというのと、正反対であります。

ところで、おもしろいことには、この老子と孔子が会ったことがあるという伝説がございます。このことについて明日は申し上げたいと思います。では、きょうはそこまでにいたします。

第十二回　孔子と老子の対話伝説

おはようございます。昨日も申しましたように、「論語」という書物の中では政治のやり方というものがいろいろ話題になっております。ということは、孔子が政治というものを人間の愛情を実践に移す方法としてたいへん重視したということを、示すものにほかなりません。そうしてまたそれはずっと歴代の中国の思想がたいへん政治を重視する、それは現代の中国でもそうなのでありますが、その源と申せるでありましょう。ところが一方、孔子と同時代の老子、もっともこまかなことをいえば、老子と孔子と、どっちが先で、どっちがあとの人かということは、近ごろの哲学史家がいろいろこまかな議論をなさるところでありますが、大きい目で申しまして中国の思想のごく初期の時代、孔子もその一人でありますが、その孔子と対立する学派として政治の価値を極度に小さく見る学派として老子、それからまた老子を祖述した人としては荘子があるのであります。

老子のことは昨日少し申しましたが、秩序の尊重というのは元来ばからしいことである、秩序というものは価値を重視するから秩序が尊重されるのでありますが、〈唯の阿における、相去ること幾ばくぞ〉wěiという返事、はい、さようでございますという返事と、aという返事、ふん、そうかねという返事、それは返事としては同じことじゃないか、効用としては同じことじゃないか、それと同じように美しいものと悪いものとそれにどれだけの距離があるのかというふうなことばに、老子の書物は満ちております。老子の書物として伝わりますものは「老子道徳経」五千言、全部で五千語の短い書物であります。またかく常識が重視する価値、それを無視しようという思想は、これはやや後、孔子から二百年ばかり後でありますが、道家の思想をさらに拡大いたしました「荘子」なんかになりますと、一そういろいろなおもしろいたとえで説かれています。その一つを申しますと、二人の羊飼いがいた、一人は一生懸命に本を読んでいた、その間に羊がどこかに逃げちゃった。それからもう一人の羊飼いは一生懸命にばくちを打っていた、その間に羊が逃げちゃった。本を読んでいたということはたいへん殊勝なようなことに見えるし、ばくちをしていたということはたいへん悪いことのように見えるけれども、羊を逃がしたという結果においては同じである。それと同じように伯夷（はくい）ですね、これはいつか申しました「論語」の中で〈伯夷叔斉は首陽の下で餓え〉た、武力革命に抗議をいたしましてハンガー・ストライキをしてなくなったというたいへん高潔な人物、それを「論語」の中では斉の景公というぐうたらな金持ちの殿様、それが〈馬千駟有りしも、死する日、民徳として称する無し〉であったのと対比し、伯夷叔斉はそれに反して首陽山のふもとで飢え死にしたけれども、〈民今に到って之れを称す〉いまでも人人は美談として語り伝えている。かく「論語」では、斉の景公の凡庸さ、ぐうたらさと対比して、伯夷叔斉を賞揚しているのでありますが、「荘子」はさっきの二人の羊飼いの話ですね、本を読んでいて羊をなくしたのと、ばくちをしていて羊をなくしたのと、どっちも「亡羊」、羊を失うという点は同じだという次に、伯夷は首陽山のふもとで飢え死にした、ところが盗跖という大どろぼうがいる、これはどうして死んだのかわかりませんが、とにかく畳の上では死ななかったのでありましょう、「原陵の上に死す」、これは悪事の限りを尽くしてそこで死んだ、その死に方なりその行動は違う、しかし畳の上で死ななかったということは同じことだ、そういうふうに価値というものを区別するのはばからしいというふうなことを申しております。

　そういうふうな価値の序列を否認する、つまり没価値説、その上に立った政治否定の思想、少なくとも常識的にいう政治を否定する思想というものを、これは伝説によれば孔子のころに老子がすでにそれを説いていたというのであります。

そうしておもしろいことには、この対立的な思想家の親玉であります老子、それは孔子よりも先輩であるとして、二人は会見をしたという伝説がございます。伝説はほかならぬ「史記」の「孔子世家」にしるされているのでありまして、「史記」のある注釈家によりますと、孔子のまだ非常に若いころ、孔子十七歳のころ、また別の注釈によりますともっと後で孔子が五十一、つまり〈五十にして天命を知る〉そのころであるというふうに申しますが、いつかのときに孔子はたいへんよく勉強するということで、魯の殿様が旅費を出しまして、中央政府であります周の都の洛陽へ旅行させたことがある、そうしますとちょうどそのとき老子は、周の王室の図書館長のようなことをいたしておりました。そこで孔子はこの有名な先輩に会って、礼を問うた。礼というのは、孔子が重視いたします社会生活なり家庭生活の法則であります。それを尋ねたということが「史記」の「孔子世家」には書いてあります。そうしていとまごいをして立ち去ろうとしますときに、老子は孔子に向かってこういうふうにいった。私の聞くのに金持ちは何か品物をせんべつにする、しかし道徳者はことばを人へのせんべつにする、私もあなたにせんべつのことばをあげましょう。そのせんべつのことばというのは、要するにあなたのようにそう一生懸命になりなさんなというのであります。いろいろとこまかなことに気がつき過ぎて、そうして「死に近づく」もの、というのはうっかりすると死刑になるという人間、それは人のことをいろいろと批評したがる人間である。それからまた非常に広い学問をしながら、自分の身を危うくするもの、それは人の欠点を非難する人間である。あなたもそうではないかということは、文章の表には書いてございませんが、裏の意味はそうであります。君よ、もっとみずからをむなしくせよ、そういうことばを老子はせんべつにしたと、「孔子世家」には書いてございます。

また「史記」には別に老子の列伝がございます。七十列伝の中に老子の伝があるのでありますが、そこではこのせんべつのことばというのがもっと手きびしいのであります。お前さんのその傲慢な様子、それからお前さんのその欲深さ、お前さんの気の多さ、それを全部捨ててしまいなさい。あなたは一生懸命勉強していなさるけれども、あなたの読んでいる本というものはすべて死んだ人のことばである、その人間も、ことばも、全部死んでいる、そんなものを読んで何になるかと、孔子に忠告をいたしました。孔子はたいへん感心いたしまして、老子という人はなるほど偉い人だ、たとえば竜である。けだものならばそれは地上を走っている、地上を走っているものは網でとれる。魚は水の中を泳いでいる、泳いでいるものはやはり網でとれる。鳥は空を飛んでいる、飛んでいるものは弓矢でうちとれる。竜だけはどうしてもつかまえることができない。「老子はそれなお竜のごときか」老子という人はたとえば竜であろうかと、たいへん孔子が感心したというお話が、これは「老子列伝」のほうに見えております。

この伝説は有名であったのでありましょう、漢の時代に画像石と申しまして、お墓の中の石の壁画として、レリーフ、浮き彫りをした石があちこちから出てまいりますが、その中に孔子が老子に向かって質問をしている「孔子、老子に問うの図」というふうなものが、キリスト紀元前後のものとして伝わっておりまして、いま考古学者から珍重されているというふうに、キリスト紀元前後には有名な伝説としてあったのでありましょう。

それからまた孔子が老子に礼を尋ねた、その礼の内容というものも書いた書物があります。それは「礼記」の中のある一篇、「曾子問」という篇であります。これも西洋紀元前後の漢のころにできたものでありましょうが、それにはそのとき孔子が老子に尋ねた礼というのはどういうものであったかということについて、非常にこまかな話があります。

それはたいへんこまかな規則なのでありまして、たとえば葬式の途中、当時の葬式はたいへん長い行列をつくって、棺おけをたくさんの人が見送るのでありますが、そうした葬式の行列が進んでいる途中で、もし日蝕が起こったらどうするかということを、孔子は老子に尋ねた。そうすると老子は、丘(きゅう)よと、孔子の名前を呼びかけて、そのときは棺おけをとめなさい、そうして道端でしばらく日蝕が終わるまで待っていなさい。孔子がなぜそうするのかという理由を尋ねましたところ、葬式というものはたいへん重要なものである、人の親を葬るものである。その手助けをして葬儀に参列して、葬儀の委員長のようなものになっているときには、慎重を期して、日蝕のときにはひつぎをとどめるべきである。一体、夜中に道を歩く人間というものは、親の喪にかけつけるものか、あるいは罪人である、それだけは日が暮れて星が空にあるときにも道を歩いていいけれども、普通の人間は星が空にある時間は道を歩かない。日蝕のときは天地晦冥になって星が見えるであろう、そのときに最も重要な葬式の行列はとどまるべきであるというふうな、非常にこまかな礼についての心得、それをそのほかにも孔子は老子から聞いたということが、「礼記」の「曾子問」という巻には書いてあります。

　また「論語」の中にも、この伝説に関係するでありましょう、老子との関係を示すものとして説かれている章があります。それは「述而(じゅつじ)」第七という篇の、すなわちその篇名が生まれますところの第一章なのでありますが、これもたいへん有名な章であります。「子曰、述而不作、信而好古、竊比於我老彭」〈子曰(い)わく、述べて作らず、信じて古(いにしえ)を好む、窃(ひそ)かに我が老彭(ろうほう)に比す〉。〈述べて作らず〉自分は祖述するだけで創作はしない、ことごとしい創作はしない、そうして〈信じて古を好む〉古代の美しさ、それを信じてそれを好んでいるものであるが、そうした態度は自分に先だって老彭という人があった、〈窃(ひそ)かに我が老彭に比す〉その老彭と自分の態度は同じであると比較できるだろう、言葉はそういう意味に違いないのでありますが、〈窃かに我が老彭に比す〉というその〈老彭〉というのはほかならぬ老子と、それからもう一人は彭祖(ほうそ)という人とされますが、とにかく〈老彭〉の〈老〉のほうは老子である、そうした解釈さえも、これはあまり有力な解釈ではございませんけれどもあります。「論語」の解釈はこの前も申しましたが、いろいろな解釈が、ある場所には発生しているのでありまして、ここのところもそうでない解釈もあります。しかし、ある解釈ではそういうふうに申しているのでありまして、老子の影響は「論語」の中にもそういう形であらわれているというふうに、その説によればなります。

ところで、以上申しましたことは、今世紀の学者が大体みな歴史事実ではないといいたすところであります。これは先日おなくなりになりました武内義雄先生、この方は老子の研究にたいへんすぐれた業績をお出しになった方でありまして、その業績は中国の学者もまた西洋の学者もたいへん尊重するものなのでありますが、この武内先生の研究によりますと、またこれは武内先生ばかりではありません、そのほかの方もいろいろ研究があるのでありますが、その代表として武内先生をあげますならば、そうしてまた代表となるだけに先生の説はたいへん周到なのでありますが、そもそも老子という人間がいたかどうか、それが疑問であります。かりにいたとしましても、さっきの「礼記」の「曾子問」の中に出てくるのは、老子という名では出ずに老聃という名で出て来る、それが老子であるかどうかも疑問である。「論語」の〈窃かに我が老彭に比す〉の〈老〉が、老子であるというに至っては、一そうこれはこじつけの説である。さらにまた「老子」五千言ですね、「老子道徳経」という書物が、老子によって書かれたかどうか、それもその可能性はたいへん少ない。そもそも老子という人物がいたかどうか、歴史的に実在の人物であるかどうか、それが疑問なのでありますから、「老子」といわれる書物もだれが書いたかわからない。のみならず従来の伝説では、老子は孔子よりも先輩ということになっている。しかしその人はともかくとして、「老子」という書物、これは確かに存在するのでありますが、それは「論語」などが出てから後に「論語」のような思想に対する反撥として書かれた、そういうふうに近ごろの学者は説いております。

老子の説くところ、あるいはさらには荘子の説くところは、簡単に申しますと、すべてこれ常識に対する逆説であります。〈唯の阿における、相去ること幾ばくぞ〉。さようでございますとふんとどう違うかということは、これは常識に対する逆説であります。

こういうふうな逆説的な思想は、常識的な思想、「論語」がその代表になりましょうが、それがまずあって、その後に出たものであるというふうに近ごろの学者の説は大体なっております。私はそれに対して異議を申し述べようとは思いません。いま伝わります老子の書物ですね、「道可道、非常道」〈道の道とす可きは、常の道に非ず〉という、初めから逆説で始まります「老子」という書物、これは「論語」より後のものでありましょうけれども、しかしそのような思想はやはり孔子のころにもあったのでないか、いまの「老子道徳経」でなくてもその淵源になるような思想は、孔子のころすでにあったのではないか、それに対する反撥である部分を「論語」は含んでいるのではないか、そういうふうに考えます。

では、また明後日。

第十三回　「論語」の世界観と老荘の道

おはようございます。一昨日申しましたように、「史記」が述べております伝説、すなわち孔子が老子に会ったという伝説、それは近ごろの学者の信ずるところではありません。また従来普通の説では、まず老子という人がいて、いま伝わります「老子」という書物を書き、それに対して孔子を中心といたします「論語」のような書物が生まれたというふうに、従来の普通の説はなっていたのでありますが、近ごろの学者の研究によりますと、むしろそうではなくして、「老子」という書物も「論語」よりも後のものである、まず「論語」の正説、常識による正説がありまして、それに対する逆説として「老子」のような書物、あるいは「荘子」のような書物が出たということになっております。それはそのとおりであろうと思うのでありますけれども、しかしいまありますところの「老子」とか「荘子」とかああいうふうな没価値説、その上に立つ政治否認説、そうした説は、「老子」や「荘子」という書物のとおりではなくとも、その源をなすようなものが孔子のころにもすでにあった、あるいは「論語」の時代にすでにあった、そういうことも考えてよかろうと思うのであります。

また「論語」の中にはどうもそう考えるほうがよく読める章があるのであります。それはたいへん有名な章でありますが、「憲問」第十四、それにこういう一章があります。「或曰、以徳報怨、何如、子曰、何以報徳、以直報怨、以徳報徳」〈或るひと曰わく、徳を以って怨みに報ゆるは、何如、子曰わく、何を以って徳に報いん、直きを以って怨みに報い、徳を以って徳に報いよ〉。大体の意味は、ある人が質問をいたしました。〈徳を以って怨みに報いる〉怨みというのは悪意であり、徳というのは善意であります。相手が悪意をもって自分を迫害したときに、それに対しても依然として善意をもって相手に報いる、そうするがいいという人がありますが、〈何如〉どうお考えになりますか。そうしますと〈子曰わく〉孔子は答えました。それならば〈何を以って徳に報いん〉善意に対しては何で報いようというのか、そういうふうに悪意にまでも善意で報いておったならば善意に報いるには何をもってせよというのか、〈何を以って徳に報いん〉。私の考えは〈直きを以って怨みに報い〉正義をもって悪意に対抗する、そうして〈徳を以って徳に報いよ〉善意に対してこそ善意をもって報いよ、悪意に対しては正義をもって報いよ、こう答えたというのであります。

この章はよく「新約聖書」の「マタイ伝」の五章三十九節、「人もし汝の右の頬をうたば、左をも向けよ」、これは「論語」のことばでいえば、〈徳を以って怨みに報いる〉ものでありますが、それと比較される条であります。「聖書」では、右のほほを打てばさらに左を向けよといっておりますが、孔子はそれでは〈何を以って徳に報いん〉それよりも〈直きを以って怨みに報い、徳を以って徳に報いよ〉といったというのでありますが、ところでこのある人のいった〈徳を以って怨みに報いる〉、悪意に対しても善意で答えよという考え方ですね、あるいは考え方だけでなしにその通りのことばが、「老子」の中にも見えております。いま伝わります「老子道徳経」の第六十三章でありますが、そこに〈怨みに報いるに徳を以ってす〉とということばが見えております。「論語」は〈徳を以って怨みに報いる〉であり、「老子」のほうは〈怨みに報いるに徳を以ってす〉でありまして、「以徳報怨」と「報怨以徳」と、ことばの順序は違っておりますけれども、同じことばが「老子」にあるのであります。「老子」のその章は、やはり価値の無視ということを説いた章なのでありまして、そこにこのことばがあるのであります。ということは、必ずしも「老子」のほうが「論語」より先にあって、それがある人のことばとして「論語」にあらわれたということにはなりますまい。しかし「老子」のことばとなってあらわれたような考え方が「論語」に先だってあったということは、いってよろしいのでないかと思います。

で、そうした没価値説に対する反撥として、「論語」の、人間の行為の中で最もとういものは愛情である、また愛情の実践として最も重要なものは政治である、そういうふうな考え方が、それのみによって生まれたとは申しませんが、そうした反撥をある程度の要素として生まれたという面はあるように思うのであります。また現に「論語」の別のところでは、そうした老子荘子的な生活をする人物と、孔子が交渉をもって問答をしたという章があるのであります。

それはたいへん説話的な美しさをもつ章なのでありまして、それだけにそのとおりの歴史事実であるかどうかは、これまた近ごろの歴史家からは疑われるものであります。たとい疑われるにいたしましても、「論語」という書物が編集されましたころ、と申しますのは大たい孔子の死後百年ほどの間だと私などは思いますが、そのころにこうした老荘者に対して孔子の考えはどうであったかということを示すものとして、こういう説話があったということはいえると思うのであります。

それは「微子(びし)」第十八、第十八でありますから、おしまいから三番目の篇でありますが、それにありますところのたいへん有名な章でありまして、やや長い章でありますが、たいへん美しい章だと思います。それを読んでみましょう。

孔子の晩年、諸国を遊説した途中のことであります。孔子の遊説の場所は、大たい河南省を中心といたします中国の中央部、いわゆる中原の地帯でありまして、中原と申します名のとおり、その辺はべらぼうに広い平野であります。どちらを見わたしても山は見えない、ほんとうに陸の海というふうな広い平野の中、その中を孔子はあちこちの殿様を歴訪いたしまして、自分の理想を説いてまわった、しかしどこでも相手にされない。晩年の十年内外の時間が、そうした不幸な放浪に費やされるのでありますが、そうした放浪の旅のあるとき、あるところを通りかかりました。

向こうに川がありましたが、川の渡し場が見つからない。ふと見ると二人の百姓が田を耕している。孔子はお気に入りの弟子でありますす子路(しろ)、あの元気のいい子路でありま す。初めはやみ屋、暴力団であったという子路であります。その子路に、渡し場はどこにあるかということを、その二人の百姓に問いにやらせたというあたりから「論語」の叙述は始まります。

本文を読みますと、長沮桀溺(ちょうしょけつでき)というのがその二人の百姓、実は二人の隠遁者の名前であります。「長沮桀溺耦而耕」〈長沮と桀溺と耦(ぐう)して耕す〉並んで耕していた、「孔子過之」〈孔子之(こ)れを過ぐ〉そこを孔子は通りかかった、「使子路問津焉」〈子路(しろ)を使(し)て津(しん)を問わしむ〉向こうの川の渡し場はどの辺にあるかと尋ねさせた。そうすると、「長沮曰」〈長沮曰わく〉長沮の方が口をひらいて、子路に向かって申しました。「夫執輿者為誰」〈夫の輿を執る者は誰と為す〉あそこの車の上で手綱を握っているのは、あれはだれかね。ある注釈によりますと、このときの旅行では、子路が車の御者になっておりましたが、渡し場を問いにやらされましたので、子路がいない間、孔子が自分で手綱を握っていたのだと申します。〈夫の輿を執る者を誰と為す〉あそこで車を扱っているのはだれかと尋ねました。「子路曰、為孔丘」〈子路曰わく、孔丘と為す〉あれは私の先生の孔丘さんです。そうすると長沮はさらに尋ねました。「曰、是魯孔丘与」〈曰わく、是れ魯の孔丘か〉、あの有名な魯の孔丘かね。「曰、是也」〈曰わく、是れなり〉はい、さようでございます。「曰、是知津矣」〈曰わく、是れ津を知れり〉ああ、あの男は知恵者だから、あの男が渡し場を知っているだろう、おれに問うまでもない。そういって取り上げません。

子路は今度は「問於桀溺」〈桀溺に問う〉一しょに耕しておりましたもう一人の隠遁の百姓のほうに質問を移しました。すると「桀溺曰」〈桀溺曰わく〉桀溺もすぐに渡し場のありかを答えない。そうして申しますには、「子為誰」〈子は誰と為す〉君は一体だれかね。「曰、為仲由」〈曰わく、仲由と為す〉。仲由というのは子路の実名であります。

私は仲由でございます。「曰、是魯孔丘之徒与」〈曰わく、是れ魯の孔丘の徒か〉、桀溺が申します、すると魯の孔丘の弟子だね。「対曰、然」〈対えて曰わく、然り〉はい、さようでございます。そうすると桀溺が申しますのに、「曰、滔滔者天下皆是也、而誰以易之」〈曰わく、滔滔たる者は天下皆な是れなり、而うして誰か以って之れを易えん〉いまの世の中は洪水が流れるように混乱している、それはいまの世の中全体がそうなのだ、世界じゅうがそうなのだ。〈誰か以って之れを易えん〉それを改革しようというふうなことを考えているのはだれかね、お前の先生はそういうことを考えているらしいが、それはばかなことだということ、それはことばの表にはございませんけれども、ことばの裏にはございます。そうしてその桀溺という男はさらにことばを継ぎまして、もっと激烈なことを申します。「且而与其従辟人之士也、豈若従辟世之士哉」〈且つ而其れ人を避くるの士に従わんよりは、豈に世を避くるの士に従うに若かんや〉お前の先生は、どの人間はいいどの人間は悪いと、そういうふうに人をより好みしている、そういうふうに人間をより好みする人の弟子であるよりは、〈世を避くるの士に従うに若かんや〉おれたちのように世の中全体にそっぽを向け、世の中全体をばからしいものだと思って、いろいろな価値の基準というようなものはばからしいものだと思って、世の中全体にそっぽを向けたおれたちの弟子になってはどうかね。そういったまま「耰而不輟」〈耰して輟めず〉依然として耕作を続け、一向に振り向いてもくれない、渡し場のあり場所を教えてくれない。

で、子路はやむなくそこを立ち去りまして、先生のところへ帰り、そのことを復命いたしました。「子路行以告」〈子路行きて以って告ぐ〉と、「夫子憮然曰」〈夫子憮然として曰わく〉。夫子というのは孔子であります。孔子を先生として呼ぶ場合のことばであります。孔子は〈憮然〉深い感慨にふけった様子でありましたが、やがて申しました。そのことばこそはたいへん重要であります。「鳥獣不可与同群、吾非斯人之徒与而誰与」〈鳥獣は与に群れを同じくす可からず。吾れ斯の人の徒と与にするに非ずして誰と与にせん〉ああいう隠者たちは鳥獣と一しょに住んでいる、いかにも気楽そうだ、しかし鳥獣というのは結局において人間がそれだけを仲間にして生活できないものだ。私はこの人間、いろいろ悪いこともする人間、悲しい人間、この人類と一しょにいるのでなければ、だれと一しょにいよというのか、私の考えはあの連中とは違う。そうして、「天下有道、丘不与易也」〈天下道有れば、丘は与に易えざるなり〉彼らは混乱はもう世界じゅうのことだ、それを個人の力で抵抗しようとしてもむだなことだという。しかし私の考えは違う。もし〈天下に道が有れば〉この世界にちゃんと生活の法則が立っていれば、私は別にそれに対して干渉しようとも改革をしようとも思わない、〈丘与に易えざるなり〉しかし彼らがいうとおり、〈滔滔たる者は天下皆な是れなり〉であればこそ、私はそれに対して抵抗し反撥し批判し改革しようとするのである。もっともこの最後のところ、伊藤仁斎の読み方は少し違っておりまして、〈天下には道有り〉人間には人間としての道がちゃんとある、それがいまないというのでなしに、ないように見えるだけで実際はある、私はそれに対してことさら改革をしようというのではない、仁斎の読み方だとよりおとなしくなりますが、仁斎よりややおくれまして荻生徂徠などはそういう読み方はいけない、これはやはり孔子の改革者としての強い意思をあらわしたものと読まなければならない、そういうふうにいっておりますが、それはともかくといたしまして、そういうふうにいったということで、この章は終わっております。これは孔子の生き方が、老荘者流とは違うということを、はっきりと示します。このとおりの事実があったかどうかは別といたしまして、「論語」の編集者はそう考えてこの説話を、ここに収めているのでありましょう。少なくとも「論語」が編集されたときには、この説話が有力なものとして発生しており、それを、「論語」の一章として取り上げたのだと思います。私はここに見える孔子のことば、〈鳥獣は与に群れを同じくす可からず、吾れ斯の人の徒と与にするに非ずして、誰と与にせん〉を、かぎりなく美しいと思います。私なども人間に失望しがちになりますときに、常に思い出すのはこのことばであります。

また、同じく「微子」第十八の篇には、やはり孔子と考えを異にする人物と孔子との接触、それをしるしましたもう一条がございます。それも読んでみますと、「楚狂接輿」〈楚狂接輿（そきょうしょうよ）〉というのは、楚の国の狂人、気違いといっても普通の気違いではなしに、一種の抵抗者としての気違いであります。それである接輿（しょうよ）という人物が、「歌而過孔子曰」〈歌いて孔子を過ぎて曰わく〉やはり放浪中の孔子の車の前を歌を歌いながら通り過ぎました。その歌は、歌でありますから意味は必ずしも論理的に充分に説明できないところがありますが、「鳳兮鳳兮、何徳之衰」〈鳳（おおとり）や鳳や〉孔子を貴重な大きな鳥でありますす鳳凰にたとえたのでありましょう。〈何んぞ徳の衰えたる〉なぜかくも威光が弱ったのか。あなたは大きな貴い鳥である、しかし何とあなたの威光は微力であるか。「往者不可諫」〈往く者は諫（いさ）む可（べ）からず〉過去は是正できない、あなたはもう老人である、いままで過去のあなたの歩いてきた道、それはもうかえられない。しかし「来者猶可追」〈来たる者は猶（な）お追う可し〉未来はまだあなたに残っている。「已而已而」〈已（や）みなん、已みなん〉もうおやめなさい、おやめなさい。「今之従政者殆而」〈今の政（まつりごと）に従う者は殆（あや）うし〉現在そういうふうに政治に対してくちばしを出すのは危険ですぞ。「孔子下、欲与之言」〈孔子下（お）りて、之（こ）れと言わんと欲す〉孔子は車からおりまして対話をもとうといたしましたが、「趨而辟之、不得与之言」〈趨（はし）って之れを避け、之れと言うを得ず〉。

楚狂接輿はそのときはもう姿をくらましまして姿が見えず、孔子は対話をもつことができなかったという、これもたいへん余韻のある章であります。

そういう章もこの「微子」第十八にはさまれております。これらの章は「論語」の文学としての性質あるいは詩としての性質、そういう立場から「論語」を見ますときに、たいへんすぐれた美しい章であると思います。

では、また明日。

第十四回　「論語」の「仁」とキリスト教の神

皆さん、おはようございます。きょうは少し余分なことからお話を始めることにいたします。

ある聴取者から質問をいただきました。「論語」という書物は中国の人はいまでもよく読んでいる、蔣介石さんも毛沢東さんも周恩来さんもそれはほとんど暗誦していられるだろうということを、いつか申しました。そのとおりであろうと思いますが、ところがある聴取者から質問をいただきました。では、ベトナムのホーチミンさんはどうであろうという御質問でした。私はホーチミンさんも「論語」は暗誦するほどよく読んでいられると思います。ホーチミンさんの国であるベトナム、これはやはり漢字地域でありまます。フランスの政策によりまして漢字をすっかり廃止して、ただいまはローマ字でベトナム語がつづられておりますが、やはり知識人は漢字の書物をよく読むのであります。

またむしろ漢字の書物を読むことをフランスの統治に対する一つの抵抗としてきたように観察いたします。ホーチミンさんなんかも、中国風の詩さえもつくられる、さえもというと、少し失礼かも知れませんが、中国風の詩つまり漢詩をつくられるのでありまして、その幾つかを拝見したことがあります。で、その教育の最初の部分には「論語」がやはりありまして、「論語」は常にホーさんが思い出される書物の一つであろうと思います。昨日申しました、〈或るひと曰わく、徳を以って怨みに報いる、何如。子曰わく、何を以って徳に報いん、直きを以って怨みに報い、徳を以って徳に報ゆ〉というふうなことば、これはいまのホーさんがときどき思い出されることばではないかと思います。むろんホーさんは「聖書」をもお読みになったことがあると、これは私の想像でございますけれども考えます。少なくともその存在はよくお知りになっている。かつてはキリスト教国であるフランスの治下にいられた方でありますから、「聖書」にもむろん接触されている。右のほほを打たれれば左のほほを差し出せよという「マタイ伝」のことば、それもむろん知っていられると思いますが、しかしホーさんがより多く思い出されるのは、やはり〈直きを以って怨みに報い、徳を以って徳に報いる〉という「論語」のことばであろうかと思います。

「論語」と「聖書」は、これはどちらも人間に善を教える重要な書物でありますが、そここにはどうも一つの差異があるように思います。「聖書」もむろん人間の可能性を説く書物なのでありますが、その背後には常に神の意思というものが設定されており、神の意思によって人間は動く。しかも人間は元来は罪多きものであって、神の意思に返らなければ善を得ない。私はキリスト教のことはよく存じませんけれども、どうもそうであるように思います。ところが「論語」はその点はある意味で「聖書」と対蹠的なのでありまして、「論語」は人間の可能性は人間自体の中にあるというふうに考えるのであります。

そのことを示しますことばは、「論語」の中にいろいろとあるのでありまして、たとえば「子曰、仁遠乎哉、我欲仁、斯仁至矣」〈子曰わく、仁遠からんや、我れ仁を欲すれば、斯（ここ）に仁至る〉ということばなどは、有力な一つの例になるでありましょう。〈仁〉すなわち孔子が最も重要な徳目といたします〈仁〉ですね、それは人間から遠いところにあるのではない、自分が〈仁〉を欲求しさえすれば、すぐ〈仁〉というものはやってくる。これは後に孟子、孔子の祖述者でありました孟子ですね、その説では、人の性は善なり、人間の本来の性質は善であるという教えに発展するものであります。「論語」自体には人の性は善なりということばは見えませんけれども、いまの〈仁遠からんや、我れ仁を欲すれば、斯に仁至る〉ということば、これは「述而（じゅつじ）」第七に見えております。

あるいはまた「子曰、人之生也直」〈子曰わく、人の生や直〉人間の本来の性格というものはまっすぐなものである。「罔之生也、幸而免」〈罔くものの生くるは、幸いにして免るるのみ〉悪人もおる、しかしそういう悪人がこの世の中に生きているというのは、それはお目こぼしで偶然の機会で免れて生きているにすぎない。〈人の生や直、罔くものの生くるは、幸いにして免るるのみ〉。これはたいへん楽観的な見方と申せます。キリスト教的な考え方は、これに対しては悲観的であり、人間は神様でなければ救われないという考え方であるのに対しまして、人間を救うものは人間自体である、人間が反省すれば人間は救われる、そういう点、私は「聖書」をよく存じませんけれども、「聖書」の教えとは、対蹠的なものをもっていると思います。

むろん「論語」の中にも、人間を超越いたしましたところの人間以上の何ものかが、全然あらわれないではありません。それは〈天〉ということばであらわれます。たとえば孔子は最愛の弟子であります顔淵、また一名を顔回と申しますが、これはたいへん優秀な弟子でありまして、孔子が一番たよりにしていた弟子でありますが、この顔淵が夭折をいたしました、若死にをいたしました。これに対する嘆きのことばが「論語」のあちこちにいろいろと見えておりますが、その一つに「顔淵死、子曰、噫、天喪予、天喪予」〈顔淵死す、子曰わく、噫、天予れを喪ぼせり、天予れを喪ぼせり〉天は私を滅亡させた、この最愛の弟子を私から奪い去ることによって、私の一生をめちゃくちゃにしたとまで、これは一時の興奮のことばでありましょうが、「天喪予、天喪予」〈天予れを喪ぼせり、天予れを喪ぼせり〉と、二度までもくりかえして申しております。これはこの優秀な秀才の弟子がなぜこんなに若く死んだか、これは天の意思であって、人間のはかり知れないものがそこにある、そうした嘆きのことばと見うけます。

しかし孔子は、あまり〈天〉のことは語りたがらなかったということが、「論語」の別の場所に見えます。「公冶長」第五という篇に、子貢、やはり十大弟子の一人でありますが、「子貢曰、夫子之文章、可得而聞也」〈子貢曰わく、夫子の文章は、得て聞く可きなり〉先生が文学について語られ、歴史について語られ、文献について語られる、それらを含めたのが〈文章〉ということばだろうと思いますが、〈夫子の文章は、得て聞く可きなり〉それらについての議論はいろいろと先生から聞くことができる。しかし「夫子之言性与天道、不可得而聞也」〈夫子の性と天道とを言うは、得て聞く可からざるなり〉、〈性〉というのは人間性ということでありましょうが、この子貢のことばはある意味で難解であります。何となれば、「論語」全体はすべてこれ〈性〉すなわち人間性についての議論ともいえるのでありますから、それを聞けなかったというのは、おかしなようでありますが、おそらく人間性というものを抽象的にこうあるべしという、そういうふうに語るということは、まれであったというのでありましょう。それともう一つ〈得て聞く可からず〉であったもの、それは〈天道〉天の法則、それについての話は、〈得て聞く可からざるなり〉われわれ弟子にはあまり語られなかった、聞けない、と弟子の子貢は申しております。

また、〈天〉の意思は〈命〉ということばであらわされることがあります。人間に天がくだします使命あるいは運命、この両方の意味が〈命〉ということばに含まれていると私は思いますが、それにつきましてもやはり「子罕」第九という篇の一番初めにこういうことばがあります。「子罕言」〈子は罕に言う〉まれにしかいわなかったものが三つある、それは〈利〉利益、それと〈命〉天の与える運命あるいは使命、それと〈仁〉であった。「子罕言利与命与仁」〈子罕に利と命と仁とを言う〉という八字が、その章の文章でありますが、この章も難解であります。三つのものをあまりいわなかったといううち、〈利〉利益ということもまれにしかいわなかったということはわかりやすいのでありますが、最後の〈仁〉をもまれにしかいわなかったというのは、わからない。だいいち「論語」という書物は〈仁〉についてのお話だらけであるともいえるのであります。にもかかわらずここには〈子罕に言う〉ものの一つに、〈仁〉がはいっている。これはたいへん難解な章であります。

そこである学者、というのは荻生徂徠でありますが、この章の読み方を変えております。すなわち原文の漢字の順序は、子罕言利与命与仁でありまして、普通の読み方では、いまいったように、それをひとつらなりに読み、〈子罕に利と命と仁とを言う〉と読むのでありますが、徂徠は読み方を変えまして、上半分の四字「子罕言利」をひと区切りとし、〈子は罕に利を言う〉利益のことをめったに口にされなかった、そうして下半分の「与命与仁」をまたひと区切りとし、ただ利益のことを言う場合は〈命と与にし仁と与にす〉利益を得るか得ないかは運命というものがある、また利益を得る得ない、その基準はやはり〈仁〉人道ということでなければならぬ、そうした関係でのみ〈利〉をいった。〈子罕に利を言う〉ただし罕にいうときも、かならず〈命と与にし仁と与にす〉そういうふうに読めと、徂徠は主張します。普通の読み方ならば〈子罕に利と命と仁とを言う〉となるのを、そう読み変えております。

　私などは常識家でありますから、普通の読み方のほうがおだやかだと思います。まれにしか〈仁〉をいわなかったということも、ことごとしく〈仁〉を抽象的なものとしてはいわなかったというふうに読めば通ずるのでないかと思いますが、それはともかくといたしまして、〈命〉のこともまれにしかいわなかったものの一つであるとすれば、孔子は天の意思というものを全然否認する完全な無神論者ではなかったけれども、しかしそれらのことはあまり語りたがらなかったということになります。

またもう一つの有名なことば、〈子は怪力乱神を語らず〉ここでも先生がいわなかったものは〈怪〉と〈力〉と〈乱〉とそれからもう一つは〈神〉神秘だとなっています。神秘の源は天にあるとするならば、つまり天のこともあまり語らなかったということになりましょう。また「敬鬼神而遠之」〈鬼神を敬して而うして之(こ)れを遠ざく〉ということばもあります。〈鬼神〉それは神様たちの意味でありましょうが、それは尊敬するけれどもある距離を置いてそれに接する。

ということは、孔子が何よりも重要と考えたもの、それは人間自体である。昨日申しましたあの説話的な章の中の、鳥獣とはともにおるべからず、〈吾れ斯(こ)の人の徒(ともがら)と与(とも)にするに非ずして、誰と与にせん〉私が交渉をもち関心をもってその中にいたいものは、ほかならぬお互いわれわれ人間である。つまり孔子が何よりも尊重したものは人間自体である。そうして人間自体を尊重するということが、〈仁遠からんや、我れ仁を欲すれば、斯(ここ)に仁至る〉と、人間自体の可能性への信頼と連なるのでありまして、その辺が「聖書」とは方向が違っている。ただいまのベトナムの戦争も、そういうふうに「聖書」よりも「論語」からより多くの影響を受けられた方と、ジョンソンさん、これは「聖書」の熱心な読者であるに違いありません。アメリカの大統領は「聖書」に手をかけて就任の宣誓を行のうのでありますから、そうであるに違いなく、ジョンソンさんのほうにはジョンソンさんのほうの言い分があるでありましょうが、そのように「聖書」をより多く読む人と「論語」をより多く読む人との間には、やはり世界観の違いがある。そうした世界観の違いがいまの不幸な状態の一つの原因になっているのでないかというふうなことを私は考えております。この二つの世界観の違いは、あるいはただいまの大陸の中国とアメリカとの間にあります深い対立、この対立はやはり人間自体を信ずる人たちと、人間はむろん信ずる、しかしその背後の神をより多く信ずるという、そういう二つの世界観、その対立というふうに考えられないことはないのでありまして、しかもこの二つの世界観はいままで一向話し合いをしていない。話し合いをしていないばかりでなしに、自分たちとは違った考え方が世界にはあるということを、実はお互いそんなによく御存じでないと思うのであります。中国の人にいわせますと、西洋人というものはいまでも迷信に取りつかれておる、キリスト教というふうな迷信に取りつかれておる、その点であれは文明人でない、野蛮人である。これは私、決して奇矯なことを申しているのではないのでありまして、私多少中国人に友人をもっておりますが、共産主義者ばかりでなしに、反共産主義の方、どちらもその点では一致している。西洋人というものはキリスト教みたいなものを信じているという点で、西洋文明に対して反感ないしは軽蔑をもっている。それに対してアメリカの人たちにとっては、中国風の人道主義というものが人間の可能性に何よりも信頼を置く教えであるということは、これまた非常に知られていない。お互いの考えが違っているばかりでなしに、違っている点が充分に認識されていないということが、いまの世界の不幸を生んでいる。どうも私のような学問をするものは、たいへん迂遠なことばかり考えるようですが、戦争をするより先にそういう思想の話し合いをすることが必要でないか、そういうことさえも考えるのであります。

どうもお話がたいへん横のほうへ参りました。もとへ戻しまして、孔子の伝記を途中まで申して来たわけなのを、つづけます。孔子は〈仁〉つまり人間相互の愛情の義務、それを人間にとって一番重要なものとすることは、すでに申してきた通りであります。そうしてそれを実行する方法としては、愛情による政治というものがなければならないということを考えて、それを実践する地位に自分自身でつこうとした。この希望はある時期には達せられます。〈五十にして天命を知る〉、そのころからでありますが、彼は魯の国の内閣にはいります。そうして総理大臣の地位にもしばらくは立つということになります。

明日、申し上げましょう。

第十五回 「五十にして天命を知る」

孔子がその政治についての理想、愛情による政治、それをみずから実践する人として、彼の祖国でありますの国の政府におりましたのは、そうして最後には総理大臣の地位に立ちましたのは、「史記」の「孔子世家」によりますと、〈五十にして天命を知る〉と申しました五十歳のころから五十六歳のときまでであります。そうしてそれはけっきょく失敗に終わります。失敗の原因は後に申しますが、当時の魯の国では王室の勢がだんだん下へ移りまして、これまでにも申しました三軒の家老の家が横暴をきわめておりました。その三軒の家老の家の権力を押さえようといたしましたが、それに失敗して国外へ亡命するということになるのであります。思い合わせますのは菅原道真の伝記であります。菅原道真も当時の最も権力ある藤原氏外の家から出まして、内閣に入り、藤原氏を押さえようといたしましたのが、失敗した。そうして大宰権帥として九州へ流されるのでありますが、道真の行動には、孔子の行動が、一つのモデルとしてあったのではないかと思います。ところで菅原道真は流罪になったのでありますが、孔子のころの中国はその点は自由をもっており、国外へ亡命することが自由でありました点、孔子は菅原道真よりもまだ幸いであったといってよろしいでありましょう。

そのことはともかくといたしまして、孔子はこのようにみずからも政治の実践家としての地位に立っております。その点が同じ聖人であっても釈迦とは違うところであるということを、荻生徂徠は強調いたしております。荻生徂徠は、日本の江戸時代の学者のうちでは最も創見に富む学者でありますが、彼の著述の一つに「徂徠先生答問書」というのがございます。その中に孔子と釈迦の差異あるいは儒学と仏教との差異を論じて次のようにいっております。それはずいぶんひどいことばをも使っていますので、仏教者の方がお聞きになればお腹立ちになるかと思いますが、まあ徂徠のいうとおりをまず申しますと、釈迦は乞食の境涯にて家もなく妻子もなく、まして国、天下も持ち申さざる身ゆえ、その道専らわが身一つのことに候。これらのところ、聖人の、聖人というのは孔子であります、聖人の道の大段の分かれ目にて候。これらが孔子と釈迦の違う重要な点だというふうに申しております。お釈迦様の教えがはたして徂徠がここでこう簡単に割り切りましたように、わが身一つのことに候であるかどうか、私などもそうでないと思いますが、徂徠はとにかくそういっております。とにかく孔子が、自分自身でそうした政治の重要なポストについたということは、なるほど他の人類の教師と違うところでありましょう。

なお、ここでついでに徂徠のことをちょっと申しておきたいと思います。徂徠は「論語」の新しい注釈を書いております。それは「論語徴」という書物であります。徂徠の考えによりますと、従来の学者の「論語」解釈は「論語」の原意を得ていない、ことに当時日本で最も権威のある注釈とされました宋の朱子（しゅし）の解釈ですね、十二世紀の中国で書かれました朱子の解釈は、「論語」の本来の意味をたいへん失っている。「論語」の本来は昨日も申しましたように、〈夫子の性と天道とを言うは、得て聞く可からざるなり〉というふうに、抽象的な議論は少ない。しかるに宋の朱子の解釈ははなはだそれを抽象的な、したがってある場合には教条的な厳格な教えとして説こうとする、これはたいへんいけない。自分は古代言語の使用法、それをいろいろな他の資料から研究して「論語」のことばを当時の意味で解釈し直そう、そういうことを主義といたしまして書いたのが「論語徴」という書物でありまして、この書物が書かれましたのは十八世紀の初めですが、それが中国にも伝わりまして向こうの学者にも影響を与えております。以後の中国の「論語」解釈の書物の中には、往往日本の物徂徠あるいは物茂卿の説として徂徠の説が引いてあります。またおもしろいことに、以後の中国の「論語」解釈でたいへん新しい説のように思うのが、実は日本物茂卿、物徂徠の説を、名前を出さずに失敬したようなところがだいぶあるのは、ことにおもしろいことに思います。

そういうわけで、徂徠は、朱子の解釈が厳粛主義に過ぎると思う点を、しばしばそうでないというふうに是正をしております。たとえば初めのほうに、これは「学而」第一にある章なのでありますが、「子夏曰」〈子夏曰わく〉これも十大弟子の一人であります子夏のことばが載っております。「事父母能竭其力、事君能致其身、与朋友交、言而有信、雖曰未学、吾必謂之学矣」〈父母に事えて能く其の力を竭くし、君に事えて能く其の身を致し、朋友と交わりて、言うて信有れば、未まだ学ばずと曰うと雖も、吾れ必ず之れを学びたりと謂わん〉という中の、〈君に事えて能く其の身を致す〉あるいは〈君に事えて能く其の身を致ぐ〉という句であります。それを普通の説は、君主に対してはもう絶対の忠誠を尽くす、生命身体を犠牲にして投げ出すというふうに読んでいるのでありますが、徂徠はそうではないと申します。そういうふうに生命と身体を軽軽しく犠牲にするのは、妾婦の道である、おめかけはそうするがよろしい、無教養な人間が一時の興奮にまかせてすることである。〈君に事えて能く其の身を致す〉というのは、そういうことではない、職務に忠実であって、職務を愛することあたかもわが身を愛するがごとくでなければならないというふうに緩和しております。

徂徠の説のほうがいいか普通の説のほうがいいか、ちょっと私には判定できませんが、とにかく徂徠の努力した方向はわかります。もっともそういうふうに「論語」の旧来の読み方を読みかえるということは、日本においては必ずしも徂徠に始まりません。徂徠の先輩の伊藤仁斎がすでにそうなのであります。

仁斎は徂徠よりも半世紀ほど早い学者でありますが、これまた「論語古義」という書物を書いております。この「古義」というのも、書名の意味は、徂徠の「論語徴」が古代語の習慣を徴証としての解釈というのと似た意味でありまして、「論語」はすべて朱子以後の「今義」で解釈されている、いまの人の頭脳で解釈されている、それはいけない、古い本来の意味に立ち返らなければならないというのであります。

仁斎のいうその古い本来の意味というのも、朱子の注を代表とする普通の「論語」解釈よりはより多く寛容であろうといたします。有名な条といたしまして、「民可使由之、不可使知之」〈民は由ら使し可し、知ら使む可からず〉という条がございます。人民というものは政府の施策にじっと追随させればよろしい、人民には何も知らしてはいけないというのが、普通の解釈ですね。「論語」のもつ封建性の最もはなはだしいものであり、「論語」という書物はたいへんけしからぬ書物であるといわれる条の一つであります。ところが仁斎はそれに対しまして、それはそういうことではない、〈民は由ら使む可し〉というのは、政府はいろいろな文化施設をしてそれによって人民に便宜を与えなければならない、〈由ら使め〉ねばならない、つまり福祉国家でなければならない。しかし〈知ら使む可からず〉こういう福祉施設をしたと、その理由を恩着せがましく人民に押しつけてはいけない、そういうことだというふうに説いております。

どうも私はこの仁斎の解釈を、この章の解釈としては、曲解でないかと思うのでありますが、「論語」の中にまた〈過ちを観て斯に仁を知る〉ということばがございます。その人の過失を見てその人の人格がわかるということばがございます。そのことばをここに応用すれば、仁斎の気もちはわかります。仁斎は江戸の封建のきびしいたがの中で、何とかしてそれを打ち破ろうという努力をした、このことはあまり現在の日本人からは記憶されていないようであり、かえってソビエトやらアメリカでは近ごろそのことが評判になっているようであります。それはさておき、いまの〈民は由ら使む可し〉の章の解釈が例となるように、そうした新解釈をまず仁斎が「論語古義」として提供いたしましたのは、元禄を中心とする十七世紀なのでありますが、それに対しまして徂徠は、仁斎の説はまだなお充分でないとして、十八世紀初に「論語徴」を書いたのであります。そこには少し個人的な反撥もございまして、徂徠は江戸におりましたが、京都で書かれました仁斎の「論語古義」を見ましてたいへん感心をいたしまして、日本にもこんな偉い人がいたかというので、先生に教えを請いたいという手紙を仁斎のところへ江戸から出したのであります。そのとき仁斎はもう晩年でありまして、健康も衰えていたのでありましょう、仁斎はたいへんりちぎな人でありますが、どうしたものかそれに対して返事を書かずじまいでなくなってしまった、そういうことも手伝ってでありましょう、つまり偉い人でもいろいろそういう個人的な感情というものはあるものでありましょう、徂徠は仁斎を一方では祖述しながら、至るところで仁斎にかみついております。さっきの〈民は由ら使む可し、知ら使む可からず〉のところなんかも、反撥をしております。そのように仁斎にいろいろかみつきながらも、更に新しい説を出したのがこの徂徠の「論語徴」という書物なのであります。「論語徴」のほうは、これはさっき申しましたように中国でも評判になりまして、近い過去までの中国の学者は読んでいたようであります。もっとも現在の中国の学者は、これは日本のことにあまり熱心でおありにならない。中国から申しますと外国というものはみな文化が自分たちより劣った国なのでありまして、ことに日本などはあまり注意されないので、そのためこの「論語徴」などもいまはあまり読まれないようでありますし、「論語古義」のほうは、これは中国にはおそらく全然知られない書物だろうと思いますので、私は機会がありますと、中国の方にこの二冊の書物をお読みくださいといって差し上げるのであります。

だいぶまたお話が横へ参りましたが、孔子は魯の国の大臣として、ある時期いたのであります。ところで、祖国の大臣でありましたときの孔子の言行というものは、あまり「論語」の中にはあらわれないようであります。と申しますのは、「論語」の中のことばでこれは魯国の内閣の一員としてあったときのことばと、はっきりきめられるものはそんなに多くないのであります。少なくとも、〈子曰わく〉云云という、孔子自身のことばとしてはそうであります。しかし、大臣となっておりました間の行動、行動といってもそれは大きな政治的な行動でなしに、日常生活をしるしたような篇が一つございます。それは「郷党（きょうとう）」第十という篇であります。「郷党」というのは、簡単なことばで申しますれば町の隣組というふうな意味でありますが、「孔子於郷党、恂恂如也、似不能言者」〈孔子郷党に於いて、恂恂如（じゅんじゅんじょ）たり、言う能（あた）わざる者に似たり〉孔子は自分の住んでいる隣組ではたいへんおとなしい人物であって、ろくにものもいえないような人間のようであった。しかし、「其在宗廟朝廷、便便言、唯謹爾」〈其の宗廟朝廷に在るは、便便（べんべん）として言う、唯（こ）れ謹むのみ〉しかしながら政府へ出ていくと、いうべきことを敢然としていう、しかし敢然としていいながらもたいへん敬虔であったという条で始まります。以下そういうことをずっとしるしました「郷党」第十という篇がございます。これは主として孔子が魯の国の政府におりましたときの彼の生活を弟子が書き取っておいたものだと思われます。そうしてその篇は、第十でありまして、前半十篇のさいごに位します。

ところで又もや仁斎に触れてのお話になりますが、仁斎は「論語」という書物は二十篇あるが、初めの十篇、それを「上論」と申しますが、「上論」とあとのほうの十篇、すなわち「下論」とは、少し違いがある、「上論」のほうがより純粋であり、より即物的である、つまりより「論語」的である。「下論」十篇のほうはより即物的でなく、したがってより教条的なことばが多い、そういう区別があるということを、仁斎の本文批評として申しております。

これはたいへんな卓見でありまして、現在の「論語」研究者もみなそういうふうに申します。しかもそれは中国人によってはいい始められずして日本人によっていい始められた。仁斎の書物は、さっき申しましたように中国ではあまり読まれていないのでありますが、その説は暗黙のうちにいま世界的に学者が認めるところになっているということは、これやはり日本人の秀才性を示すものと思います。ところで前の十篇が後の十篇と違った性質にある。前の十篇は一かたまりになるということは、いまお話をしかけました「郷党」第十という篇、これはたいへん性質の異なった篇であります。〈子曰わく〉というふうな孔子のことばをしるしたところがなくして、〈孔子郷党に於いて恂恂如（じゅんじゅんじょ）たり〉というふうにその行動をしるしたという点で、性質の異なった篇なのでありますが、それが前半の十篇のしまいにピリオドのようにあるということは、元来この初めの十篇だけが一かたまりとして編集された、そのピリオドとしてこの「郷党」第十があったということを思わせ、仁斎の説に有力な証拠を与えるものであります。

では、また明日。

第十六回　魯の宰相時代の生活

皆さん、おはようございます。昨日申しかけましたように、孔子は五十のころから五十六のときまで、祖国の魯の国の政府におりました。「史記」の「孔子世家」によりますと、最初に任命されましたのは中都の宰という地位であったと申します。このことばの意味、私にはよくわからないのですが、中都というのが首府ということにいたしますと、魯の国の首府であります曲阜の市長、都知事と申しますか、そういう地位にまず任命され、そうしてたいへん業績を上げましたので、それから昇進して司空というのは建設大臣ないしは建設次官、そういう地位、それからさらに進んで大司寇、これは司法の長官であります、法務大臣となり、そうして同時に首相の仕事をも行のう国務大臣となりました。そうして首相としての地位に立ちますとともに、当時専横をきわめておりました三軒の家老の家の権力を奪おうといたしましたので、失脚して国外へ亡命することになるのでありますが、この間に孔子がいいましたことばというものがどれだけであるか、「論語」は二十篇あります。その二十篇の中で最も大部分を占めるのは〈子曰わく〉云云という条どもでありますが、それらの〈子曰わく〉のどれだけが魯の政府在職中のものであるかはよくわかりません、その分量はどうもあまり多くないように察せられます。おおむねの〈子曰わく〉はむしろ亡命以後、あちこちの国国を放浪した間のことばのほうが多いように思います。

ただ昨日申しかけました「郷党」第十という篇、それは「上論」十篇、仁斎の説によれば、「下論」十篇とはやや性質を異にしてより純粋であるという「上論」十篇の最後にあります「郷党」第十は、魯国の内閣に在職中の孔子の行動であります。この篇が「郷党」と名づけられますのは、例によってその最初の章が「郷党」ということばで始まるからであります。すでに申しましたように、「論語」の篇名のつけ方は初めの章のことばでついているのでありまして、第一篇が「学而」第一なのは、篇のはじめが、「子曰、学而時習之」〈子曰わく、学んで時に之れを習う〉だから「学而」であり、第二篇が「為政」であるのは、「子曰、為政以徳」〈子曰わく、政を為すに徳を以ってす〉でありますから「為政」でありますが、この「郷党」第十も、初めに「孔子於郷党、恂恂如也」〈孔子の郷党に於けるは、恂恂如たり〉孔子は隣組の一員としてはたいへんおとなしい人物であった、〈言う能わざる者に似たり〉しかし〈其の宗廟朝廷に在りては、便便として言う、唯れ謹む〉しかし政府に出仕すれば敢然としていいたいことをいったというので始まるから、「郷党」第十なのでありますが、いま引きました最初の章に〈其の宗廟朝廷に在るは〉とありますから、これは孔子が宗廟朝廷にしばしば出仕した時期、すなわち魯国の政府の一員であった時期で、まず第一章がありますばかりでなしに、この篇に書いてあることは大体当時の孔子の政府における行動、それからまたそれと連関いたしまして孔子の家庭生活が、この章の内容となっていると見うけます。その点でほかの十九篇とは違って、たいへん特殊な篇なのであります。

　このお話の初めに、孔子ぎらいの本居宣長が、孔子という人はたいへん不人情な人である、〈廐焚けたり〉孔子の家のうまやに火事がいった、〈子朝より退く〉政府から退出してきた孔子は、〈人を傷つけたるか〉人間にけがはなかったかと尋ねたけれども、〈馬を問わず〉馬のことは尋ねなかったというのを、儒者たちはこれこそ孔子の人間尊重の精神のあらわれであるというけれども、人間は火事がいったら逃げる知恵をもっている、馬のほうはそうでない、だからこれは先に馬を尋ねるべきで、〈馬を問わず〉というのは孔子がいかに非人情な人間であるか、これでもわかると、宣長は悪口を申しておりますが、それはともかくといたしまして、この条なんかも〈子朝より退く、曰わく、人を傷つけたるかと、馬を問わず〉、〈朝より退く〉とあるのでありますから、これも魯の政府に在職中のことであるに違いありません。

また「君命召、不俟駕行矣」〈君命じて召せば、駕を俟(ま)たずして行く〉家におりますときに君主から呼び出しがある。そのときの魯の君主は魯の定公(ていこう)という君主でありますが、〈君命じて召せば、駕を俟たずして行く〉というのは、馬車の用意をまず命じておいて、それがととのわない先からもう道を歩き出していた、そうして馬車が途中で追いつくと、それに乗っていった、それほど君主に対しては敬虔であった。

あるいはまたこの在職中に病気をしたことがあると見えまして、君主が見舞いに来たときに、孔子はどうしたかということも書いてございます。「疾、君視之、東首、加朝服、拖紳」〈疾(やまい)あるとき、君之れを視れば、東首(とうしゅ)して、朝服(ちょうふく)を加え、紳(しん)を拖(ひ)く〉病気のときに君主が見舞いに来た、そうすると東まくらに寝て、そうして〈朝服〉というのは簡単にいえば紋付です。病気ではありますけれども、紋付を自分のからだの上にかけ、礼儀を失わないようにして君主に会ったというふうなことも、書いてあります。

さらにこまかなことも書いてあります。家におりますとき、夏の暑いときには涼しい麻の着物を着ておりました。家ではそうした麻の着物を着ておりましたが、薄い麻の着物でありますから、からだが透けて見えるといけないというので、上にもう一枚着物を重ねた。「当暑、袗絺綌、必表而出之」〈暑に当たりては、袗の絺綌、必ず表して之れを出だす〉。この〈必ず表して之れを出だす〉というのにもいろいろな解釈がありまして、ひとえの麻ごろもの上に、もう一枚着物を着たことであるという説、それからまた家にいるときは麻のシャツだけでいたけれども、外出のときは必ずその上にもう一枚着た、それからまた荻生徂徠はきのう申しましたように、いろいろ新説を出したがる学者でございますが、上に一枚着た上衣のそでの先から、下のワイシャツがのぞけるようにした。夏の暑いときの着物にも、そういう美的な要素をもたせようとした。徂徠の説の通りであるかどうか存じませんが、そういう衣の生活についての記述があります。

あるいは別のこまかな生活といたしまして、食生活のことも書いてあります。それは非常にこまかいのでありまして、「食不厭精、膾不厭細」〈食は精を厭わず、膾は細きを厭わず〉御飯はどんなに上等な米でもかまわないとした、さしみはどんなに細く切ってあってもかまわないとした。細く切ってあるほどよいとした。また「食饐而餲」〈食の饐して餲する〉御飯が腐ってくさいにおいを出すのや「魚餒而肉敗、不食」〈魚の餒れて肉の敗れたる、食らわず〉魚も肉も腐ったの、それらは食べなかった。「色悪不食」〈色悪しき食らわず〉変色したものは食わない、「臭悪不食」〈臭いの悪しき食らわず〉「失飪不食」〈飪を失えるは食らわず〉調理法が何かおかしいのは食べなかった、「不時不食」〈時ならざる食らわず〉不時の食物は食べなかった、冬の胡瓜とかそういうものは食べなかった、「割不正不食」〈割りめ正しからざれば食らわず〉きちんと切ってない肉は食べなかった、「不得其醬不食」〈其の醬を得ざれば食らわず〉どういう料理にはどういうソースということがきまっているのですが、ソースが間違っているものは食べなかった。「肉雖多、不使勝食気」〈肉は多しと雖も、食の気に勝た使めず〉。これはなかなか読みにくい条ですが、肉はたくさん食べても、飯の分量よりも多くはしなかった、「惟酒無量、不及乱」〈惟だ酒は量無し、乱に及ばず〉酒は適度に飲んで酔っぱらうまでにはしなかった。「沽酒市脯不食」〈沽う酒、市う脯は、食らわず〉町で売っている酒、それから町で売っているほし肉、それらはどうもインチキなのがときどきあるから食べずに、自分の家でつくった酒、自分の家でつくったほし肉、それだけしかとらなかった。「不撤薑食」〈薑を撤せずして食らう〉肉のそばにはじかみが添えてありますと、はじかみも食べたというふうな、たいへんこまかな食生活まで書いてあります。

　ある人が、これでは孔子の奥さんはたいへんだったろうと申しましたが、これも徂徠のような寛容主義者によりますと、この条は一番初めに「斎必変食」〈斎には必ず食を変ず〉とあり、〈斎〉というのは物忌みをすることであります。当時の大臣の職務の一つは、宮中でお祭りがありますと、その助祭者となる、そのときは自分の私生活にもたいへん気をつけて、飯は上等のものでもよろしい、さしみはこまかいほどよろしい、腐ったものはせいぜい食べない、切り目の正しくないものは食べない、ソースも間違っていれば食べない、そういうふうに、朝廷の祭祀の参与者である時期には、食生活についても最も謹厳な態度をとったのだと、徂徠は申します。私はその説のほうがよろしいと思います。この条に関する限りよろしいと思いますが、そういう食の生活、あるいはまた衣服の生活についても、さっき申しました夏の服装のほか、いろいろこまかいことが書いてございます。

衣服の生活のうち、私がことにおもしろいと思いますのは、寝るときには、「必有寝衣、長一身有半」〈必ず寝衣(しんい)有り、長さ一身有半(ゆう)〉ということです。寝るときの衣服としては、〈寝衣〉ねまきがあるが、そのねまきの長さは、からだのたけの一倍半であったというのであります。これはただいま中国へ参りましても、これはねまきでございませんが、かけぶとんは先を折り曲げて足を包めるようになっております。日本のかけぶとんと違いまして、大体〈長さ一身有半〉でありまして、たいへん気持ちがいいんですが、これは孔子のころからそうであったのでありましょう。

また「褻裘長、短右袂」〈褻裘(せっきゅう)は長し、右の袂(たもと)を短くす〉というふうなこともございます。右のそでのほうは少し短くしてあった、右手はよく使いますから、便利なようにというのです。そういういろいろこまかな生活を書いた条がございます。

あるいはまた、隣組の一員としてはたいへんよい隣組員であったという、こういう条もあります。「郷人儺、朝服而立於阼階」〈郷人の儺には、朝服して阼階に立つ〉。町の人が春、それからまたある説では秋でありますが、そのときにはお祭りがあります。ちょうど日本の東北地方にありますあれ何というお祭りですか、あのお祭りのように、町の人人が一軒一軒の家をまわって歩くのでありますが、そのときには孔子も人人のお祭りに参加するものとして、紋付を着て、自分の家の玄関に立って、楽しそうにそれをながめていた。これも別の解釈もございますが、そういうふうなほほえましい生活の様子も、「郷党」第十の篇には記されています。

あるいはまたこれは必ずしも当時のことでなしに、もう少し後のことと別の条件から解釈されるのでありますが、「康子饋薬」〈康子薬を饋る〉季康子という若い家老から薬をもらった、「拝而受之」〈拝して之れを受く〉丁寧におじぎをして受け取ったけれども、それは飲まずに、「曰、丘未達、不敢嘗」〈曰わく、丘は未まだ達せずと。敢えて嘗めず〉私はこの薬の性質がよくわかっていない、だから好意はありがたいけれども私は飲まない。〈敢えて嘗めず〉、どうもこの辺から見ますと、孔子という人はたいへん慎重な、理性的な人であって、いいくらいな漢方薬をもらってもすぐに飲むような人物ではなかったように思うのであります。

以上申しましたように、こうしたこまごました生活が「郷党」第十には書いてありますが、これは主として魯の閣僚として在職中のことであろうと思います。かく「論語」にはそのように、魯の内閣に在職中のそうした面の生活は出ておりますけれども、その時期の大きな政治的行動は、「論語」には書いてないのであります。

ところが「史記」の「孔子世家」のほうを見ますと、孔子はこのときに魯の重臣といたしまして、だいぶ重要な活動をいたしております。まず首相となりまして最初にありました事件は、隣国の斉との外交です。当時の斉の殿様は斉の景公であります。れいの孔子から〈死するの日、民得て称する無し〉とのちに軽蔑されました斉の景公が、魯の国へやってきたことがあります。そうして魯の定公と会見をいたしました。この会見のときに、斉のほうはたいへん行儀が悪かった。そのころの宮廷にはいろいろな俳優がおりました。西洋でいえばフールのようなものでありますが、斉は大国であり、経済的にも軍事的にも大国でありますから、自分の国の勢いを示すものとしてでありましょう、たくさん俳優を連れてきた。そうしてその俳優たちがたいへんみだらな音楽、ジャズのようなものでありましょう、それを演奏し出した。すると孔子は毅然としていった、「吾が両君は、好会を為す、夷狄の楽、何んぞここにおいてせん」いまはわれわれ両方の君主がここでお互いの友好のための会合をしている、それにこのみだりがましい音楽は何ということだ、あの俳優たちを斬れ、と申しましたところ、その勢いにのまれて、斉のほうでは音楽をやめ、その俳優は殺されたということが「史記」には書いてございます。

それからまた当時の孔子がいたしましたさらに一つのこととして、当時魯の重臣で少正卯（しょうせいぼう）という人物がおりました。それが悪事を働いてまつりごとを乱していた、その人物を死刑にしたということ、これなども「史記」の「孔子世家」には書いてございます。ところで、そういたしますと、孔子は魯の閣僚としての在職中に、少なくとも二人の人間を殺したことになります。隣国の斉のフールとそれから自分の国の悪いやつ、少正卯というのはどういう悪いことをしたのか、詳しいことはわかりませんが、とにかく少なくとも二人の人間を殺したということに「史記」ではなるのでありますが、さあ、どんなものでしょうか。やはり政治というものは孔子のような聖人でも人を殺さなければならないものなのでしょうか、私はたいへん疑問をもつのであります。現に「論語」の中には、人を殺すことは政治家として最も悪いということを説いた章があることを御記憶ではないでありましょうか、御記憶がないとすれば明日申し上げます。

第十七回「義を見て為さざるは勇無きなり」

皆さん、おはようございます。昨日申しましたように、五十のころから五十六のときまで孔子は魯の内閣の一員であったのでありまして、最後には総理大臣の仕事をも行なったということが、「史記」の「孔子世家」に書いてあります。そのこと自体は、歴史事実であるに違いないのでありますが、その間にいたしました政治的行動、それは「論語」にはあまり書いてなく、「史記」の「孔子世家」のほうに二つの事件が書いてある。一つは、お隣りのたいへん強大な国であります斉の君主であります斉の景公が、魯の君主と国境に近い地帯で会見をしたときに、斉の国は、自分が大国であることを誇示するように、たいへん下品な音楽をもってきて、楽人たちに演奏させた。孔子はそれに対して抗議をし、いまは平和的な会合であるのに、この殺伐な下品な音楽は何だ、それを演奏する楽人は殺されなければならないといって、その楽人が殺された、全部ではないでしょうが、少なくともその楽人の一人がたちまちにして手と足がからだから離れた、つまり殺されたということが、「史記」には書いてあります。それからまたもう一つの事件といたしまして、総理大臣になりますと、「是に於いて魯の大夫の政を乱る者なる少正卯を誅す」、誅すというのも死刑にするということであります。で、「史記」を信じますと、孔子は政府におります間に、少なくとも二人の人間を死刑にした。それは死刑になる理由があったのでありましょうが、殺したということになります。これはたいへん不愉快な話柄であります。「論語」にはそういうことは書いてございません。どうも私は「史記」のこの記載を信じたくありません。政治というものは悲しいものであって、孔子のような人でもその地位に立てば人を殺すというふうなことをしなければならないものなのかどうか。「史記」のお話はときどきおもしろすぎる。著者司馬遷の意識はあくまでも事実を事実をと、小説的な事件は私の本に載せないと申しますけれども、やはりときどき小説的なふくらみをもつのでありまして、これも小説的なふくらみではないでしょうか。現にまた「論語」の中で孔子は、政治というものは人を殺すものではない、人を殺すのは、つまらない悪い政治である、そういうふうに読み取れることをいっております。

その条は、私いつか引きましたが、「顔淵」第十二という篇、この篇には政治の方法がいろいろ書いてありますが、うち魯の国の家老である季康子との問答です。問答は、孔子のごく晩年に行なわれたと思われます。これもいつか申したと思いますが、季康子は、三軒の家老の家、いわゆる「三桓」の中でも筆頭の家でありますす季孫氏の、そのころの当主でありますが、この季康子が魯の国の政府の首班に立ちましたのは、孔子のごく晩年でありまして、長い間国外を放浪しておりました孔子が魯に帰りましたのも、この季康子の意思が大いに働いて国へ帰ってきたというふうに解釈されます。年はずっと孔子よりも若かったでありましょう。ついでにいえば、きのう引きましたが、〈康子薬を饋る、拝して之れを受く〉季康子から薬をもらうと、丁寧におじぎをしてそれを受け取ったけれども、〈丘未だ達せず〉私はこの薬の性質を知らないといってそれを飲まなかったという、そういうふうに薬をくれたのもこの季康子であります。そういうふうに孔子にたいへん好意をもっている若い家老であります。また孔子もこの人物に対してはある愛情をもったようであります。

その季康子が〈政を孔子に問うて曰わく、如し道無きを殺して、以って道有るを就さば、何如〉悪いやつがいろいろいる、それを殺して、よい人間の生活を完成してやる、こういう方法はどうでしょうかと、たずねた。孔子のそれに対する答えはたいへんはっきりしております。〈孔子対えて曰わく、子、政を為す、焉んぞ殺すを用いん〉あなたは政治家ではないか、死刑というふうなことがどうして必要なのか、〈子、善を欲すれば、民善なり〉あなた自身が善を欲したならば人民はみんなよくなる。〈君子の徳は風〉君子の行動はたとえば風である、〈小人の徳は草〉人民たちの行為それはたとえば草である。〈草は之れに風を上うれば必ず偃す〉草は風の吹きようで、その方向へなびくものだ、だからあなたが愛情の政治をさえすれば、人民たちはみんな愛情をもつ。〈子、善を欲して民善なり〉だとすると〈子、政を為す、焉んぞ殺すを用いん〉死刑というふうなものがどうして必要になるのか、たいへんきびしいことばで、死刑を含んだ政治というものを否定しております。どうも私は「論語」に見えたこのことばのほうを信じたいのであります。

それと連関してもう一つ申し上げたいのは、孔子の戦争というものに対する態度であります。孔子の時代の中国では、あちこちで内戦が起きておりました。内戦の行なわれていない日はないといったほうがいいかもしれません。しかしながら孔子は、戦争というものを否定したようであります。これは孔子に限りませんので、一体に中国の古典の思想は、みんな反戦的であります。その最も代表となりますのは、孔子とほぼ同時代の別の学派の重要な人物といわれます墨子、これは最も徹底した非戦論を主張いたしました。墨子の書物が伝わっておりますが、その中の「非攻」という篇は、戦争否定論であります。孔子にはこの墨子の「非攻」ほどの極端なことばはございませんが、戦争というものはせいぜい避けなければならないと考えましたことは、これはやはり「論語」の中にそれをあらわす章があるのであります。

そのころの衛という国、これは黄河から北にありますやはり大国であります。その衛の君主で霊公という人、この人物は「論語」のほかの条にもいろいろあらわれますし、私のこれからのお話の中にもしばしばあらわれてくるでありましょう。あまりすぐれた君主ではありません、たいへん長い在位年数をもつだけで、その点これまでお話しました斉の景公と似ております。長い在位年数が似ているばかりでなしに、凡庸な君主であることも斉の景公と同じなのでありますが、この衛の霊公が戦争のことを孔子に尋ねたことがある、あるいは戦争のやり方を孔子に尋ねたことがある、兵法を孔子に尋ねたことがある。「衛霊公問陳於孔子」〈衛の霊公、陳を孔子に問う〉。陳と書いてありますから、兵法でありましょう、兵法のことを孔子に尋ねた。「孔子対曰」〈孔子対えて曰わく〉それに対する孔子の答えは、このようでありました。「俎豆之事、則嘗聞之矣」〈俎豆の事は、則ち嘗つて之れを聞けり〉。俎豆のことと申しますのは、先祖のお祭りをするときのお祭りの道具、それが〈俎豆〉であります。そうした平和的な礼儀のこと、それならば私は〈嘗つて之れを聞けり〉いろいろ先輩から聞いて勉強したことがある。

「軍旅之事、未之学也」〈軍旅の事は、未まだ之れを学ばざるなり〉。軍旅のことというのは、戦争に関する事柄であります。〈軍旅の事は、未まだ之れを学ばざるなり〉私は兵法、そうしたものは勉強したことがありません。そういいまして、「明日遂行」〈明日、遂に行る〉そのあくる日、孔子は衛の国を立ち去った、と書いてあります。それまでは、この衛の霊公に多少の期待をかけておりましたけれども、さて会見をしてみると、尋ねたことはまず戦争のことであった、それに何よりもいや気がさしてその国を立ち去ったというのであります。これは何よりも孔子の戦争に対する態度をよくあらわすものと思います。

もっとも孔子は、人生を生き抜きますには勇気というものが必要であると、そういうことはしょっちゅう申しております。有名な章といたしまして、「子曰、知者不惑、仁者不憂、勇者不懼」〈子曰わく、知者は惑わず、仁者は憂えず、勇者は懼れず〉というのがあります。これは知、仁、勇というものが、人生の三つの重要な道徳であるということが後世でいわれますのの、源となるものであります。

あるいはまた、こうもいっております。「子曰、有徳者必有言、有言者不必有徳」〈子曰わく、徳有る者は必ず言有り、言有る者は必ずしも徳有らず〉道徳者はきっと何かことばを残す、といって、ことばを残す者が全部道徳者であるとは限らないとまず申しまして、その次にそれと対になりますように、「仁者必有勇」〈仁者は必ず勇有り〉人道主義者はきっと勇気をもっている、勇気をもっていなければ人道主義者ではない。逆にしかし「勇者不必有仁」〈勇者は必ずしも仁有らず〉単に勇敢な人間は、それは必ずしも人道主義者ではないといっております。かく〈仁者必ず勇有り〉といっているのでありますから、正しい人間、正しい愛情をもつ人間、それに必要なものは勇気であるということはいっております。

しかしながらその勇気は、殺戮というふうなものに使うのではないのでありまして、孔子の〈勇〉は一たい何に使うかと申しますれば、その一つを示すものとしてこういう条があります。「子曰、非其鬼而祭之、諂也」〈子曰わく、其の鬼に非ずして之れを祭るは、諂いなり〉。自分の先祖の神でないのにそれをお祭りする、いいくらいな淫祠邪教を祭る、それはへつらいであると、それでまずその条のことばを始めまして、その次に「見義不為、無勇也」〈義を見て為さざるは、勇無きなり〉という有名なことばがあります。正しい事柄、自分がなすべき正しい事柄が目の前にあるのを見ながら、それをやらない、それは勇気に欠如しているからである、というのが、〈其の鬼に非ずして之れを祭るは諂いなり〉というのと、対句になっております。淫祠邪教の誘惑と、正義の行為への躊躇、二つは心の弱い人はいずれも犯しがちなあやまちであるから、一緒にいわれていると解かれるのでありますが、これは勇気、仁者は必ずもっている勇気を、どこに使うかといえば、〈義を見れば為す〉そういう方向にむかって使うべきことをいっているのであります。

また「論語」の中には、戦争のことが全然話題になっていないではありません。こういう条がございます。孔子のそばに一番すぐれた弟子の顔淵すなわち顔回と、それからあの元気な弟子であります子路とがすわっていました。「子謂顔淵曰」〈子、顔淵を謂いて曰わく〉孔子はそこで顔回を批評した。顔回という人物はたいへんすぐれた人物である、「用之則行、舎之則蔵、惟我与爾有是夫」〈之れを用うれば則ち行ない、之れを舎つれば則ち蔵る、惟だ我れと爾と是れ有るかな〉。人が認めてくれれば一生懸命に行動する、しかし必ずしも人人はわれわれを認めるとは限らない、見捨てられたときにも不平をいわずにじっとしている、そうした行動なり深慮をもつのは、私とお前、顔回だね、そういうふうに顔回をほめました。顔回がほめられたので、子路、いさみ肌で元気のいい子路は不平であったのでありましょう、突拍子もないことを尋ねました。「子路曰、子行三軍、則誰与」〈子路曰わく、子三軍を行れば、則ち誰と与にせん〉もし先生が一国の軍隊を指揮する地位にお立ちになったとするならば、だれを参謀長にされますか。〈三軍〉というのは三個師団ということであります。こまかなことを申しますと、そのころの一師団〈一軍〉は一万二千五百人でありまして、〈三軍〉というのは三万七千五百人であります。それが魯の国の兵隊の数でありましたが、先生がもしそれを指揮する地位にお立ちになったとしたならば、〈則ち誰と与にせん〉だれを参謀長になさいますか、いま先生は顔回をほめられましたけれども、このおとなしい顔回ではだめでしょう、私がという気持ちがあったのでありましょう。孔子は答えました。「子曰、暴虎馮河、死而無悔者、吾不与也」〈子曰わく、暴虎馮河、死して悔い無き者は、吾れ与せざるなり〉虎を素手で手討ちにしたり、大きな川をかち渡りするというふうな、そうした向こう見ずな勇気、そうして死んだらそれまでというふうな人間、文章の表にはありませんが、子路よ、お前のような人間、それと私はとにかく一しょにはやらないよ。「必也臨事而懼、好謀而成者也」〈必ずや事に臨んで懼れ、謀を好んで成る者なり〉事柄に臨んではたいへん敬虔に臨機応変な処置をとる、そうしていろいろとあらかじめ計画をちゃんとめぐらしておいて、成功をおさめる、そういうふうな人間とならば私は一しょにやるだろう。この条は仮定でありますけれども、子路は、あなたが〈三軍〉の指揮官になったらということで問いかけております。孔子の答えは、それをある程度はぐらかしながら、やはり〈三軍〉を動かさねばならない必要も、人間にはやむを得ざるときにはあるということを、全然認めなかったわけではないようであります。

また勇気についての似た条が、もう一つ「論語」にはあるのでありまして、それもやはり子路との問答なのでありますが、時間がなくなったようであります。お話が途中になりましたが、あとは明日申し上げます。

第十八回　放浪遊歴時代（一）

おはようございます。昨日はお話が中途になりましたが、孔子の元気のいい弟子であります子路と先生とが、勇気についての問答をいたした条は、「論語」の中に二つあります。一つは昨日申しました、〈子顔淵を謂いて曰わく、之れを用うれば則ち行ない、之れを舎つれば則ち蔵る、惟だ我れと爾と是れ有るかな〉と顔回をほめましたのに対して、そばにすわっておりました子路が、しかし先生、先生がもし国軍の指揮者になられたならば、顔回ではだめでしょう、一体だれと一しょに行動されますか、それはこの私でなければ、というつもりでそういい出しましたときに、〈子曰わく、暴虎馮河、死して悔い無き者は、吾れ与せざるなり〉云云といって子路をたしなめたという話、これは「述而」第七の篇にございますが、もう一つやはり子路との間に勇気に関係した会話がかわされたのが、「公冶長」第五にも見えております。「子曰、道不行、乗桴浮于海、従我者其由与」〈子曰わく、道行なわれず、桴に乗って海に浮かばん、我れに従う者は其れ由なるか〉孔子が申しました、とても私の主張する方法、それは行なわれそうにない、愛情による政治という方法は行なわれそうにない。私はもはやこの中国に失望した、東の海へ乗り出したいと思う。〈桴に乗って海に浮かばん〉。それは日本というい国があるからそこへ行きたいと、そういったのだという解釈を、日本のある儒者はしておりますが、それは少し牽強付会でありましょう。とにかくもうこの中国に私は失望したから、東の海へいかだに乗って乗り出したいと、そうさえも思う。〈我れに従う者は其れ由なるか〉。由とは子路の実名です。そのとき、おれについてくるのは子路よ、まずお前だろうなと、このときは子路の勇気を愛してそう申しましたところ、子路はそれを聞いてうちょうてんになりました。「子路聞之喜」〈子路之れを聞きて喜ぶ〉。すると孔子は申しました。またもや子路を押さえて申しました。「由也好勇過我」〈由や勇を好むこと我れに過ぐ〉子路よ、お前はどうも勇気を好み過ぎる、私も人生には勇気が必要だと思うけれども、お前は私よりもどうも勇気を好み過ぎる。その次のことばは「無所取材」、そう書いてありますが、これは読み方が分かれるのでありまして、材木の材の字が書いてあるのを、同音の哉、かな、という意味の字のあて字とし、〈取る所無き材〉、お前のような勇気一点張りの人間はとりどころがないなあといったという説と、材木の材のままで読み、〈材を取る所無し〉と、いかだに乗るといったけれども、そのいかだにする材木がどこにあるだろう、私は冗談でいったのをお前はすぐ本気にする、そういったのだというふうに、説は二つに分かれておりますが、そこでも〈由や勇を好むこと、我れに過ぎたり〉子路よ、お前は私以上に勇気が好きだねといっているのは、孔子が勇気というものを否定する人物ではなかった、勇気というものは人生にたいへん必要なものだと考えた、だから〈知者は惑わず、仁者は憂えず〉その次に〈勇者は懼れず〉といったのでありましょう。

また、これもやはり子路との問答でありますが、こういう条も「陽貨」第十七、おしまいのほうの篇でありますが、そこには見えます。「子路曰、君子尚勇乎」〈子路曰わく、君子は勇を尚ぶかと〉。先生は何か文化主義のようなことばかりいっていらっしゃいますが、君子というものはやはり勇気を必要とするものでしょうかと、子路が尋ねました。すると孔子は答えました。「君子義以為上」〈君子は義以って上と為す〉君子にとって何よりも大切なものは、それは正義である。「君子有勇而無義為乱」〈君子勇有りて義無ければ乱を為す〉。正義というものが何よりであって、たとい君子でも勇気だけがあって正義の感覚に乏しいものは、それは無秩序ということになるであろう。「小人有勇而無義為盗」〈小人勇有りて義無ければ盗を為す〉普通の人たちが勇気だけあって正義の感覚がない場合は、どろぼうになるぞといっております。このことばも、勇気というものを否定してはいない。正義を伴なわない勇気というものはいろいろ不都合を起こすということをいっているのでありますけれども、やはり勇気というものの価値を、孔子は充分に尊重しているのであります。

しかしながらその勇気の用いどころは、昨日申しましたように〈義を見て為さざるは勇無きなり〉であって、ここでも〈義〉正義ということがいわれています。それは正義のために使わるべきものであって、殺伐な戦争のために使うということは、孔子の否定するところであったろうと思われます。

さて、ところで以上いろいろ申しましたが、「史記」の「孔子世家」にあります二つの記載、孔子は魯の政府におりましたときに斉のフールを殺した、また少正卯という悪い大臣を殺した、そういう記載を私は信じたくないところから申したのであります。そこでまたお話を孔子の伝記に戻しましょう。これまで申してまいりましたように、〈五十にして天命を知る〉ころから五六年間、孔子は魯の国の政府におりました。その間、政治家としてどういうことをしたかということは、たびたび申しますように「論語」には見えないのでありますが、「史記」の「孔子世家」を見ますと、結局彼は魯の国の政治家といたしましては失敗をいたします。そうして失脚をいたします。しばらく「史記」の「孔子世家」によってその始末を申しますと、孔子はまず当時魯の国で勢力をもち過ぎておりました三軒の家老の家、その勢力を押さえようといたします。当時は下剋上の世の中でありまして、魯においても魯の当時の君主は魯の定公でありますが、実力はほとんど失われまして、三桓、三軒の家老の家、それは魯の王室の親戚ではありますけれども、それが実権をもっていた、その勢力を押さえようといたしました。それら三軒の家老の家はいずれも大きな城をそれぞれ領地にもっておりましたが、まずその城をこわすことを主張いたしました。そうして主張は部分的にはいれられたのでありますが、重臣たちは孔子の新しい政策に対して不平であったに違いありません。ちょうど菅原道真が藤原氏以外から出まして、藤原氏の勢力を押さえようとしたこと、道真の心理なり行動には、孔子のこの事跡、それがある影響を与えていると、前にもいったように私は考えますが、道真が失敗しましたように、孔子もそういうことからだんだん魯の国で不人気になった、少なくとも重臣の間では不人気になっていったに相違ありません。のみならず外国からもじゃまがはいりました。

すなわち隣接する大国の斉でありますが、斉としては、魯が孔子を大臣にいたしまして新しい政策を実行するということは、魯が強大な国になる、魯が強大な国になるということは隣国である斉に対して必ずしも利益ではない、これは魯の人人を誘惑して堕落させるにしくはない、そういうふうに考えつきまして、斉はその財力にものをいわせ、魯の重臣たちを誘惑いたしますために、魯に女楽を送った、女性の楽人たちを送ったと、「史記」には書いてあります。「史記」のそこのところを読みますと、「是に於いて斉国の中の女子のかお好きもの八十人を選び、みな文ある衣を衣せて、康楽を舞わしむ」。斉の国の美しい女の子八十人をよりすぐりまして、それにみなきれいな着物を着せて、それに音楽を仕込んだと申しますから、ミュージカルの一団のようなものを魯の国に送り届けた、のみならず「文れる馬三十駟」一駟は四頭でありますから、百二十頭のきれいな飾った馬、いわばミュージカルとサーカスとを兼ねたようでありましょう、それを魯の国に送り届けた。これはたいへん小説的な記載だと思いますが、「史記」にはとにかくそう書いてあります。ところがそれを一番家老であります季桓子、そのころの季氏の家の当主であります季桓子が受け入れた、そうしてそっとそれを見にいった。サーカスは魯の国都であります曲阜の南の城門の外におりましたが、一番家老の季桓子がそっとそれを見に行って、たいへんおもしろがり、殿様の定公にも一度一緒に見物に参りましょうというふうに、まんまと斉の術策におちいってしまいました。で、孔子はもうここまで魯の国の政治が堕落してはだめだ、そう考えて魯を立ち去ることにした、そうして以後十四年にわたります長い各国への放浪の生活、それが始まったというふうに「史記」は書いております。

ここのところの「史記」の書き方もたいへん小説的でありますが、全然事実でないこともないでありましょう。しかしすべて「論語」のほうがより正確な、より信頼すべき記載でありますが、「論語」の中にもそのことは簡単ながら見えているのであります。「微子」第十八という篇でありますが、「斉人帰女楽」〈斉人女楽を帰る〉斉の人間がミュージカルの一団を送り届けた。「季桓子受之」〈季桓子之れを受く〉季桓子がそれを受け入れて、「三日不朝」〈三日朝せず〉三日間政府へ出仕しなかった、ミュージカルの見物にうつつを抜かして〈三日朝せず〉、そこで、「孔子行」〈孔子行る〉孔子はそれで魯の国を立ち去ることにしたというふうに、簡単でありますけれども、そのことは「論語」にも見えております。

そうしてそれ以後十四年間、孔子はあちこちの国を歴訪して、国国の君主たちに自分の理想を説いてまわります。孔子が謁見した君主、それは七十二人あった、七十二君に遊説をしたというふうに、別の文献にはいっております。かく孔子が行く先先の君主に対して自分の理想を説いてまわったこと、それは「論語」のいろいろの条となってあらわれております。

まず初めのほうの「学而」第一にある章でありますが、弟子の子貢に対して、子禽という人物、これはどういう人物かよくわからないのでありますが、「子禽問於子貢曰」〈子禽、子貢に問うて曰わく〉子禽が重要な弟子の一人である子貢に尋ねた、「夫子至於是邦也、必聞其政、求之与、抑与之与」〈夫子は是の邦に至るや、必ず其の政を聞けり、之れを求めたるか、抑そも之れを与えたるか〉質問の意味は、あなたの先生は、一つの国に到着されると、きっと何がしかその国の政治に関与された、あれは一たい先生のほうから要求されてのことなのか、それともそれぞれの国の政府の当事者が先生にたのんでそうしたのか、〈之れを求めたるか、抑そも之れを与えたるか〉。

それに対する子貢の答えは、たいへん含蓄があります。「夫子温良恭倹譲以得之」〈夫子は温良恭倹譲、以って之れを得たり〉うちの先生は、〈温〉おだやかさ、〈良〉すなおさ、〈恭〉敬虔さ、〈倹〉つつましやかさ、〈譲〉控え目、そういう人柄であるので、どこへ行っても先生はそこの政治家から相談をかけられた。そのお人柄から必然にそうなったのであって、「夫子之求之也、其諸異乎人之求之与」〈夫子の之れを求めたるや、其れ諸れ人の之れを求むるに異なるか〉先生が政治に交渉をもたれたのは、ほかの普通の人間がこちらから差し出がましく求めて政治に関与したのとは違っているように思いますが、とそう子貢が返答した、そういうことが「論語」の初めのほうにありますが、そういうふうな問答が発生するほどに、〈是の邦に至るや、必ず其の政を聞く〉といわれるほどに、至るところの国国で自分の理想を説いてまわったのであります。しかしそれは部分的には聞き入れられても、どこへ行っても結局は冷遇されるにとどまりました。その点で孔子は悲劇的な人物と申してよろしいでありましょう。

　こういう問答がやはり同じ子貢と孔子の間にかわされたという章も、「子罕」第九にございます。子貢がある比喩で先生に問いかけました。「子貢曰、有美玉於斯」〈子貢曰わく、斯こに美玉有り〉ここに美しい宝石があるといたしましょう。「韞匵而蔵諸」〈匵に韞みて諸れを蔵めんか〉それを宝石箱の中に大事にしまっておいたままにいたしましょうか、あるいは「求善賈而沽諸」〈善き価を求めて諸れを沽らんか〉よい値を出す者があったならば売ったほうがいいでしょうか。そういたしますと孔子は答えました。「沽之哉、沽之哉、我待賈者也」〈沽らんかな、沽らんかな、我れは価を待つ者なり〉。また別の読み方によりますと、〈我れは賈を待つ者なり〉、それは売るがいい、売るがいい、現に私はよい値段で私を買ってくれる商人の出現を待っているのだ。これはいつごろかわされた問答かはわかりませんけれども、そういう問答が記録されるほど、孔子は自分の理想をどこかの君主を媒体として実践したいという気持ちに燃えて、各国を遊説したのであります。

　これには、人間の一生は仕事である、仕事をすればこそ人間であるという気持ちが、何よりも孔子にあったでありましょう。「子曰、君子疾没世而名不称焉」〈子曰わく、君子は世を没わりて名称せられざるを疾む〉すぐれた人間というものは一生何の評判も立たずに死んでしまう、それをいやがる、それこそ人間としてつまらない生き方だと、そういうことばも、これは「衛霊公」第十五にございます。

あとはまた明後日申し上げます。

第十九回　放浪遊歴時代（二）

先週申しましたように、五十六歳のときから十四年間、七十のころまでの孔子は、自分の理想を実現する場所を求めまして、当時の中国のあちこちにありました多くの大名の国国を遊歴いたします。当時の中国は、前にも申したように、日本の歴史で申しますれば足利時代のような状態で、中央の室町幕府にあたる周王朝の勢力は微弱であり、各地に大名がいたのでありますが、その大名たちのうち、ある文献によれば七十何人の君主に対して遊説をして回ったのであります。その旅行はたいへん気の毒でありまして、彼に同情をもたない人からは、あだかも喪家の犬である、家なしののら犬であるというふうにも批評されたと申します。また孔子自身も、古い歌に「兕にあらず、虎にあらず、彼の曠野に率う」水牛でもない、虎でもない、それにあの荒野をうろうろする、そういう歌があるが、私の境涯はそれに似ている、そうため息をついたとも、これは「史記」

途の「孔子世家」にしるしてございます。単にそればかりではありません、その放浪の途中ではおそろしい目に何度もあっております。無理解な人たちから迫害を受けまして、法難ともいうべきものを、一度、二度、三度も受けております。にもかかわらず、孔子がそうしたあまり希望のない旅を続けましたのは、これはおととい申しかけましたように、〈君子は世を没わりて名称せられざるを疾む〉。人間は何か仕事をしなければならない、人人のためになる仕事をしなければならない、何も称せられる名のない一生というものは、それは君子にとっては耐えがたいものである。そうした気持ちがまた別のことばといたしましては、弟子の子貢が、ここに宝石があるとして、それは箱の中にしまったままでいいものでしょうか、あるいは売ったものでしょうかといったのに対して、〈沽らんかな、沽らんかな、我れは価を待つ者なり〉ということばにもなったでありましょうし、またいつか申しましたように、〈吾れ豈に匏瓜ならんや、焉んぞ能く繫りて食らわれざらんや〉私はあのたなにぶら下がっている瓜のように、いつまでもぶら下がったまま人に食べられずじまいで終わる、それは耐えられない、そういうことばともなってあらわれております。

で、少しこの放浪の間についての事柄、またその事柄に関して「論語」にあらわれますことばを、これから申したいと思います。

魯を立ち去りました孔子は、まず第一には衛の国、これは黄河の北岸にある国でありますが、その君主は、先週申しました衛の霊公でありました。凡庸な君主ではありますけれども、しかしながらやはり大国の君主でありますから、孔子はまずこの人を最初のたよりにしたようであります。で、弟子たちを引き連れまして衛の国へおもむいたのでありますが、その途中で最初の法難が起こります。それは匡という町を通り過ぎましたときに、ある誤解を受けました。それは孔子とかつて交渉をもった魯の国のあまりよくない人物で陽虎ですね、あるいは一名は陽貨です、この陽虎ないしは陽貨が、この匡という町へ攻め込んだことがありました。そうしてずいぶん乱暴を働いたのでありますが、孔子の容貌が陽貨と似ていたので、それで匡の町の人はそこへやって参りました孔子を、陽貨と誤認いたしまして、孔子を包囲いたしました。五日間、孔子及びその弟子たちを包囲したというふうに「史記」にはしるしております。

ところで、そのときに孔子が申しましたことばが、「論語」の中でも最も印象の深いことばの一つとして記録されております。それは「論語」の「子罕」第九の篇に見える有名なことばでありますが、まず本文を読んでみますと、「子畏於匡」〈子、匡に畏す〉先生は匡でおそろしい目にあわれた。そのときにこういった。「曰、文王既没、文不在茲乎」〈曰わく、文王既に没す、文茲に在らざらんや〉、文王といいますのは、周の創業期のすぐれた君主であります。そうして人間の文明の法則を設定した人物、文明の創造者の一人として、孔子が畏敬する人物でありますが、その文王はすでになくなった、数百年前に文王はなくなられた、すると〈文茲に在らざらんや〉文明の伝統はこの私の身の上にこそ伝わっている。ところで「天之将喪斯文也」〈天の将に斯の文を喪ぼさんとするや〉もし天の意思としてこの人間の文明というものを滅亡させようとする意思、そうした意思を天はもっているはずはないけれども、もし天がかりにそれをもっていると仮定するとしよう、そうすれば「後死者不得与於斯文也」〈後に死する者は、斯の文に与るを得ざるなり〉文王よりも後に生まれ後に死するもの、つまり後世の人間は、この文明の伝統にあずかり得ないはずである、しかし現在自分はその文明の伝統をちゃんと継承している。だとすると、天がこの文明の伝統を滅ぼそうとするはずはない。そのように「天之未喪斯文也」〈天の未だ斯の文を喪ぼさざるや〉文明の伝統を滅亡させようという意思が天にないとするならば、「匡人其如予何」〈匡人其れ予れを如何〉この無理解な匡の人間がいま私を圧迫しているけれども、この私をどうすることもできないだろう、文明の伝統の保持者であるこの私をどうすることができるか。そういって、五日間の難儀の間びくともしなかったということが、これは「論語」にも以上のように見えますし、「史記」の「孔子世家」もそこのところにこのことばをしるしております。

このことばは、「論語」の中の幾つかの力強いことばの中でも最も力強いものの一つであります。いつも申しますように、孔子の人間に対する見方は、そもそも根底においてはたいへん楽観的であります。当時の現実はたいへん複雑であり、現在孔子自身、この匡という土地で生命の危険を伴なった危難にさらされております。しかしながら孔子は、その楽観的な態度をあくまでも失っておりません。〈仁遠からんや、我れ仁を欲すれば、斯こに仁至る〉人道というものは決して遠くにあるのではない、人間がその気持ちになりさえすればすぐやってくるというふうな強い楽観ですね、それは自分自身の危機というたいへん深刻なこの瞬間におきましては、一そう広い形で、人間の文明というものは滅びるものでない、その文明の指導者としての任務を私は天から与えられておる、天が文明を滅ぼそうとする意思があるならば別だ、しかしそういうことは根本的にあり得ない、文明を滅ぼす意思が天にない以上、私をどうすることもできない。さらに広めれば文明の前途は不滅である、人間が存在する限り文明は必ず存在する、そうした強い自信をあらわすことばとなっております。

同じようなことばは、他の場合にも吐かれています。これはやや後のことでありますが、宋の国を通り過ぎましたときにも、理由はよくわかりませんが、やはり土地の人人から迫害を受けたことがあります。そのときにも、強いことばを吐いております。「子曰、天生徳於予」〈子曰わく、天徳を予れに生せり〉天は能力と道徳とを私に与えた。「桓魋其如予何」〈桓魋其れ予れを如何〉桓魋というのは、そのとき孔子を迫害した団体の指導者でありますが、あの桓魋ごときものが私をどうしようと思ってもできることではない。そういう強い確信のことばが、さきの匡の法難の場合とおなじく吐かれているのであります。

ところで、さてそのときの孔子は、目ざす衛の国に着きますと、そこではまた別種の侮蔑を受けるのであります。孔子は君主の霊公に会見を申し込みましたところ、霊公のそばには、たいへん美しくはありますがたいへん権力のあるおきさきがおりました。南子と申します。たいへん美貌な女性であったようでありますが、美貌であるだけになかなかのやり手で、衛の国の政治にもいろいろ口を出していたようであります。そればかりではありません。ほかのことにもたいへん達者でありまして、若い愛人をもっておりました。宋朝という男ですが、この愛人とのなかは当時の世の中でたいへん評判になっておりました。「論語」の中にも「不有祝鮀之佞、而有宋朝之美、難乎免於今之世矣」〈祝鮀の佞と宋朝の美有らざれば、難いかな今の世に免るること〉という孔子のことばがございます。何ともむずかしい世の中である、この世の中に生きてゆくには、あの宋朝、衛の霊公の奥さんの南子の愛人である宋朝ほどの美貌と、それから祝鮀というこれはたいへんな雄弁家として評判のあった人物、それほどの雄弁、それらをもたないかぎり、もはやうまく生きていけない世の中なのかしらと、そういう嘆息があるほど、有名な美男子なのでありますが、その宋朝を愛していたということでも有名な婦人であります。ところでそのとき、このあまり行儀のよくない貴婦人がこう申しました。この国へ来て私の夫である霊公に謁見を求める人は、必ず先に私に謁見することになっている、あなたも殿様にあいたいなら、まず私のところへいらっしゃい。孔子は不愉快であったでありましょうけれども、これも手段としてやむを得ない、大きな目的の前には避けることができないと思ったのでありましょう、南子に謁見をいたしました。「史記」はその書き方もたいへん小説的でありまして、孔子が南子の御殿へ参りまして、すだれのたれた外でひざまずいておじぎをいたしますと、南子もすだれのむこうのほうで身をこごめたのでありましょう、さらさらと涼しい宝玉の音が鳴った、そういうふうに「史記」は書いております。

ところで、この謁見に対しましてたいへん不満でありましたのは、例の元気のよい弟子の子路(しろ)であります。そのとき孔子と子路がかわしました問答が「論語」に載っております。それはたいへん有名な、しかし難解な条なのでありますが、「雍也(ようや)」第六の篇に「子見南子」〈子、南子に見(まみ)ゆ〉孔子が南子に謁見した、「子路不説」〈子路説(よろこ)ばず〉子路はたいへんふきげんだった。あの不品行な女に、先生が謁見なさるとは何事かという気持ちだったのでありましょう。〈子路説ばず〉。すると、「夫子矢之曰」〈夫子之れに矢うて曰わく〉孔子は子路の仏頂面に対し、重重しいことばを発しました、「予所否者、天厭之、天厭之」〈予れの否せざる者は、天之れを厭せん、天之れを厭せん〉、この孔子のことばは何かなぞのようでありまして、どういう意味であるかということに、注釈家の説がいろいろ分かれております。ある説によりますと、私がこうした災難にあったこと、ああした淫乱な婦人に会わなければならないという否定的な運命にあったこと、それが〈予所否者〉という四字の意味であって、そうした不運な事柄が起こったのは、〈天厭之〉厭の字を圧と読み、天が私に対して圧迫を加えたからである、天の意思としてどういうわけかわからないが私を苦しめるのである、そういう解釈もありますし、私は決してあの南子という婦人を是認しているのではない、私もあの女は否認している、彼女は〈予れの否とする所〉のものであって、そうした彼女を天は圧迫するであろう、彼女には自然に天のばつが当たるであろう、それが〈天之れを圧せん、天之れを圧せん〉だと、そういうふうに読む説もある。そのほかいろいろな読み方がありまして、私などにはどの説をとってよいかよくわかりません。この謁見のことは、谷崎潤一郎さんの「麒麟」という小説にも材料になっておりますし、また近ごろ中国の文学者であります林語堂さんの「子見南子」という戯曲も、これを素材にしていたりして、孔子の一生の中で最も恥辱的とされる事件、それは「論語」では〈子南子に見ゆ、子路説ばず、夫子之れに矢うて曰わく、予所否者、天厭之、天厭之〉となぞめいたことばで書いてあるだけでありますが、とにかくそういう事件がありました。

さらにまたもう一つ不愉快な事件が、衛の国で起こります。この謁見がありましてから何日か後に、これは「史記」の記載でありますが、霊公は、これも奥さんのいうことを聞いたのでありましょう、町の中をパレードいたしました。霊公と南子とが先の車に同乗し、そのあとの車に孔子を乗せて、町の中をパレードをいたしました。かの評判の高い孔子がわが国を訪問してきて、このように私と一しょにパレードをしてくれるということを、人民たちに示したいためでありましょう。これは孔子にとってやはり不愉快なことであります。そのときに孔子の吐きましたことばが、「吾未見好徳如好色者也」〈吾れ未だ徳を好むこと色を好む如くする者を見ざるなり〉美しい女の好きなほど道徳の好きな人間を見たことがない、どうも女性の美しさに道徳はかなわないという嘆息のことば、これは「論語」に二度ばかり見えておりますが、それもこのときに発せられたものだと「史記」の「孔子世家」はいたします。

もう少し、また明日申し上げましょう。

第二十回　徳と好色

おはようございます。昨日申しかけました〈吾れ未まだ徳を好むこと色を好む如くする者を見ざるなり〉美しい婦人を愛するほど道徳を好む人間、それを私はまだ見かけない、このことばを、昨日申しましたように、「史記」では、孔子が衛の霊公の夫人であります南子、たいへん淫乱な行儀の悪い奥方でありますが、この奥方から恥辱を受けた、そのあとに吐かれたことばであると、しております。つまり「論語」のこのことばを、「史記」の「孔子世家」はそこへ繰り入れております。一体に「史記」の「孔子世家」は、「論語」のあちこちに見えますことばを、何か孔子の生涯の中の事件に関係したものとしてうまく間配っているのでありますが、この道徳を好むこと美人を好むごとくする者を見たことはないということばも、淫乱な夫人の南子のしりに敷かれている衛の霊公、それと交渉をもったときに吐かれたことばであると、「史記」の著者司馬遷は見たのであります。「論語」にはこのことばは二か所に見えております。ただ単に「子曰、吾未見好徳如好色者也」〈子曰わく、吾れ未まだ徳を好むこと色を好む如くする者を見ざるなり〉とありますのは、「子罕」第九の篇であります。もう一つ「衛霊公」第十五、そこには「子曰、已矣乎」〈子曰わく、已んぬるかな〉已矣乎 yǐ yǐ hū という嘆息のことばを初めに置きまして、あとは同じです。〈吾れ未まだ徳を好むこと色を好む如くする者を見ざるなり〉と、同じです。こういうふうに同じことばが「論語」に二度見えますのは、他にも幾つか例があるのでありまして、例の「巧言令色鮮矣仁」〈巧言令色鮮なし仁〉というのなんかも、初めのほうとあとのほうと二度見えますが、このことばもそうであります。

ところで、私はこのことばをたいへんおもしろいと思います。はたして司馬遷が申しますように衛の霊公の夫人の南子に会ったときに発せられたかどうか、それは別といたしまして、美しい女が好きなほど道徳が好きなものはないというのは、ずいぶん思い切ったことばであります。その意味でおもしろいばかりでなしに、孔子が〈色〉というものをどう考えていたかということについても、ある資料を与えるように思います。色を好む、〈好色〉という字が書いてありますが、それを色欲を好むというふうにいうと少し下品になりましょう。男女の愛情ほど道徳に対する愛をもつ者はいないというこのことばは、そうした男女の間の愛情というものを、一がいに否定したものとは響かないように私は思います。男女の愛情というものは人間としてたいへん大切なことである、しかし同様に大切なのは道徳である、しかるに男女の愛情ほどに道徳に愛情をもつ者はいない、そういっていると読めるのでありまして、男女の愛というものに対しても孔子はやはり肯定的であった、そういうふうに見てよろしいのでないかと思います。

「論語」を読みますと、ほかにもなお〈色〉という字のあらわれる個所があります。もっとも、それは〈色〉に対する戒めでありまして、「季氏」第十六にある章ですが、「孔子曰、君子有三戒」〈孔子曰わく、君子に三つの戒め有り〉三つの点を注意しなければならない。「少之時血気未定」〈少き時は、血気未まだ定まらず〉からだの健康、その中心になる血液の運行というものが不安定である。それで「戒之在色」〈之れを戒むるは色に在り〉血のめぐりが盛んで不安定な青年が注意しなければならないのは〈色〉である、色欲である、あるいは男女の愛情である。次に「及其壮也」〈其の壮に及びては〉男盛りになると、「血気方剛」〈血気方に剛し〉そのときには健康が頂点に達する、「戒之在闘」〈之れを戒むるは闘いに在り〉けんかにある、人と争うということに気をつけなければならない。「及其老也」〈其の老ゆるに及びては〉年をとると、「血気既衰」〈血気既に衰う〉健康が衰えてくる、何を注意しなければならないかといえば、それは欲が深くなることである、「戒之在得」〈之れを戒むるは得に在り〉何でもものをほしがることにある。このことばもたいへんおもしろいと思うのでありますが、ここにも〈色〉というものは戒めなければならない、節度をもたなければならないものとしてあらわれますけれども、必ずしもそれを全面的に否定しているというふうには見られないと、私は思います。

さらにまた孔子が男女の愛情に対して価値を認めていた、それを尊重したということを、別の面からあらわしますのは、「詩経」の尊重であります。「詩経」というのは古代の歌謡を集めた書物でありまして、これは後に申しますが、孔子は諸国の放浪を終えまして魯に帰りましてから、幾つかの古典を編集いたします。直接には弟子たちの教科書として、また間接には未来の人類の教科書としての意思をもっていたといわれる、そのことは部分的にそうでありましょうが、五つの古典を編集するのであります。その中の一つが「詩経」、孔子のころまでに発生いたしました民謡の歌集なのであります。

ところで、この「詩経」の中の相当の部分あるいは半分ぐらいを占めますのは、恋の歌であります。それを教科書として編集したということは、やはりそうした感情に対する孔子の態度を示すものと思います。またそうした古い民謡は「論語」の中にも引かれたものがあります。且つ引かれているのは恋の歌であります。「子罕」第九という篇でありますが、そこにこういう一条があります。「唐棣之華、偏其反而、豈不爾思、室是遠而」〈唐棣の華、偏として其れ反れり、豈に爾を思わざらんや、室の是れ遠ければなり〉これは歌の文句でありまして、原音で読みますと、tāng dì zhī huā, piān qí fǎn ér, qǐ bù ěr sī, shì shì yuǎn ér と、リズミカルな民謡の文句であります。やわらかに訳しますれば、〈庭桜の花が、ひらりひらりとゆれている、お前恋しと思わぬでないが、何ぶん家が遠いでな〉という片恋の男の、あるいは片恋の娘さんの、恋人を思う歌なのであります。ひらひらと庭桜の花がゆれている、そのようにあなたも私から離れたところで美しさをきらめかせている、あなたを恋しいと思わぬでないけれども、何ぶんにもあなたの家との間には人目のせきがあって近くはない、遠い、そういう片恋の歌なのでありますが、それを引きまして、そのあとにこう書いてございます。「子曰」〈子曰わく〉孔子のことばであります。「未之思也、夫何遠之有」〈未まだ之れを思わざるなり、夫れ何の遠きことか之れ有らん〉それは思い詰め方が足りないからだ、恋慕が足りないからだ、思い詰めた上にも思い詰めさえすれば、その距離はなくなってしまうだろう、〈夫れ何の遠きことか之れ有らん〉家が遠いでなというけれども、何の遠いことがあろうか。これはこの歌謡を材料といたしまして、真理とか、ものの本質とかいうものが、人間との間にもつ距離、それも、恋の道とおなじであって、思い詰めた上に思い詰めれば、克服が困難ではないという教訓的な意味をもっておりましょうけれども、材料として引きました歌自身は、恋の歌なのであります。そういうところからも、孔子の恋愛感情というものに対する態度、それは〈之れを戒むるは色に在り〉とも申してはおりますけれども、一概の否定でないことがわかるように思うのであります。そのことを考慮に入れて、〈吾れ未だ徳を好むこと色を好む如くする者を見ざるなり〉美しい異性を好むほど徳を好む者に、おれはまだお目にかからないということばを読みますと、一そう味わいが深いように思います。

　また、これは孔子自身のことばではありません、孔子の弟子の一人であります子夏のことばとして、「論語」の初めのほう、「学而」第一にも、次のようなことばが見えます。「子夏曰、賢賢易色、事父母能竭其力、事君能致其身、与朋友交、言而有信、雖曰未学、吾必謂之学矣」〈子夏曰わく、賢を賢として色に易え、父母に事えて能く其の力を竭くし、君に事えて能く其の身を致し、朋友と交わり、言いて信有らば、未まだ学ばずと曰うと雖も、吾れ必ず之れを学びたりと謂わん〉という章であります。この章の一番初めの「賢賢易色」という四字、これにもいろいろな読み方がありますが、〈賢を賢として色に易えよ〉と、普通は読んでおります。つまりすぐれた人を慕うこと、あだかも美しい人を慕うごとき態度であれ、ということになり、やはり〈徳を好むこと色を好む如く〉せよというのと同じ意味になります。ここでついでに孔子の女性観を示す又一つのことばを申しておきましょう。いままで申しましたことから、この世の中には男性と女性とがあり、その間の愛情というものが、この世の平和の根底としてあるという考えはあったでありましょうが、女性に対する見方として、いまのわれわれからはどうも賛成しかねる条、それがあることも確かであります。それはたいへん有名なことばでありますが、「陽貨」第十七に「子曰、唯女子与小人」〈子曰わく、唯れ女子と小人と〉女の子とつまらない人間は、「為難養也」〈養い難しと為すなり〉何とも相手にしにくい。「近之則不孫」〈之れを近づくれば則ち不遜〉近づけるとおとなしからぬ行動に出る、「遠之則怨」〈之れを遠ざくれば則ち怨む〉遠ざけると不平をいう。これは女性に対してあまり同情的なことばではありません。どういう場合に発せられたことばか、よくわかりませんけれども、とにかく女性に対してあまり敬意をもったことばとは申せないのであります。「論語」の中には現在は通用しにくいことばもあるということ、これは無理に弁護しないほうがよろしいと思います。

同じくついでに、いまの世の中では通用しにくい条をあげますならば、「八佾」第三という篇に、「子曰、夷狄之有君、不如諸夏之亡也」〈子曰わく、夷狄の君有るは、諸夏の亡きに如かざるなり〉という章がございます。〈夷狄〉というのは野蛮人です。当時の中国の意識からしますと、文明は中国だけにあって、その周辺にいる人間はみんな〈夷狄〉なのであります。野蛮人なのであります。日本の存在を知っていたかどうかわかりませんけれども、もし存在を知っていたとすれば、日本も〈夷狄〉の中にはいったでありましょう。それはともかくといたしまして、〈夷狄の君有るは〉野蛮人が君主をもっているとしても、〈諸夏〉というのは中国のことであります。中国が君主を失った状態よりもまだ悪い、〈諸夏の亡きに如かざるなり〉、これも現在の世界にはちょっと通用しにくいことばのように思います。

ここで少し余談でありますが、おもしろいお話を申し上げますと、「論語」の注釈の中で、中国ではたいへん早く滅び、日本にだけ長く伝わっていた注釈がございます。それは相当古い注釈でありまして、西洋紀元五〇〇年のころ、梁という王朝の人でありますが、皇侃という学者の書きました「論語義疏」という書物であります。これは「論語」の相当詳しい注釈でありますが、中国では早く滅びました。ところが日本ではずっと読み伝えられまして、江戸時代になりますと、荻生徂徠の弟子の根本遜志という人が、それを出版いたしました。それまではもっぱら写本で伝わっておりましたのを版本にいたしました。それが中国に輸出され、たいへんな評判になりました。当時の中国は清の時代であり、皇帝は文化政策にたいへん熱心な乾隆帝でありました。で、根本の版本によりましてさらに覆刻の本が、乾隆帝の宮廷で出版されております。ところでこの〈夷狄の君有るは、諸夏の亡きに如かざるなり〉という条です。この条に対する皇侃の注釈は、野蛮人に君主がいても、それは中国の無政府状態にさえ及ばない、という意味に説いております。ところでこれは当時の中国の皇帝であります乾隆帝には、たいへん都合の悪いことでありました。と申しますのは、乾隆帝は清朝の君主であり、清朝というのは満州から興こりまして中国に侵入し、中国を支配した政権であります。つまりもとをただせば、〈夷狄〉であります。ですからこの〈夷狄の君有るは、諸夏の亡きに如かざるなり〉という条そのものも都合悪うございますし、その条をそのとおりに解しております皇侃の「論語義疏」のその条も都合が悪い。それでおもしろいことに、乾隆帝の勅版、宮中で刊行いたしました「論語義疏」は、ほかのところは日本から伝わってきた本のままでありますが、この条だけはそっと書き変えております。〈夷狄〉の朝廷であります清朝に都合のいいように書き変えている、そういうおもしろいことがございます。これは日本の漢学が中国に逆に影響を与えたというおもしろい事件、その中でのまたおもしろい挿話であります。余談として申し添えました。

では、また明日。

第二十一回「天を怨まず、人を尤めず」

おはようございます。さて、孔子が喪家の狗、のら犬のようだと、当時の人からはいわれた、また自分自身も「兕にあらず虎にあらざるに、かの曠野にさまよう」水牛でも虎でもないのに荒野の中をうろうろする身だ、自分でもそういったと、以上二つのことは「論語」に見えませんけれども、「史記」の「孔子世家」にはそう申しております。そういうふうな状態の中で、中原、中国中央部のあちこちの国を遊説して歩きましたのは、「史記」の「孔子世家」によりますと、五十の中ほどから、つまり〈五十にして天命を知り〉まして後、そうして〈六十にして耳順う〉人のいうことにむやみに反撥を感じなくなった六十、それも過ぎまして〈七十にして心の欲する所に従って矩を踰えず〉という、そうした心境になります少し前の六十八のころまで、十四年間であったと、「史記」の「孔子世家」にはしるしております。

この旅行は途中でいろいろな困難に遭遇しております。すでに申しました匡の法難、また宋で桓魋という暴力団に包囲されたというふうな法難のほか、さらにまた南方の陳という国のそばに参りましたときには、多くの弟子を連れておりましたが、食糧がなくなってしまった。そのときのことは、これは「論語」の「衛霊公」第十五に見えております。「在陳絶糧」〈陳に在りて糧を絶つ〉。陳というのは、いまの河南省の陳州の近所の国でありますが、〈陳に在りて糧を絶つ〉食べものがなくなった。「従者病、莫能興」〈従う者病んで、能く興つ莫し〉孔子に従っていた弟子たちは、みんな疲れ果てて立ち上がることができなかった。「子路慍見曰」〈子路慍りて見えて曰わく〉例の元気のいい子路であります。いつもは元気のいい子路が、むっとして孔子の前に出ました。「君子亦有窮乎」〈君子も亦た窮する有るか〉君子もこんなに困るということがあるものでしょうか。それに対する孔子の答えはたいへんすぐれております。「子曰、君子固窮」〈子曰わく、君子固より窮す〉君子といえども、当然こうした困難に遭遇することはある、人生にはいろいろな困難がある、ただ人人とちがうところは、「小人窮斯濫矣」〈小人は窮すれば斯こに濫す〉つまらない人間はそうした困難な境涯におちいれば、乱暴をする、しかし君子はそうではないと、子路をさとした、そういうふうな章が「論語」に見えております。

また、つき従います弟子たちと、先生とは、にもかかわらず相互の強い信頼によって結ばれていたということを示します章、これは「論語」のあちこちにあります。その中でも最も印象的な章の一つをあげますならば、これは「先進」第十一という篇に見える章でありますが、「子畏於匡」〈子、匡に畏す〉例の匡の土地での法難であります。放浪の旅の最初に起こりました法難、すなわち孔子があの〈天の未だ斯の文を喪ぼさざるや、匡人其れ予れを如何〉という強いことばを吐きましたあの匡の法難の場合のことでありますが、「顔淵後」〈顔淵後る〉先生が暴徒に包囲されているところに、一番愛する弟子の顔淵すなわち顔回は、居合わさず、あとからおくれて来て、先生に追っつかなかった。しかしやがて先生のあり場所を見つけて、そこへ参りましたときに、「子曰、吾以女為死矣」〈子曰わく、吾れ女を以って死せりと為せり〉孔子が、お前顔淵は死んだのでないかと心配していたよと、そうことばをかけましたところ、顔淵は申しました、「曰、子在、回何敢死」〈曰わく、子在ます、回何んぞ敢えて死せんや〉先生が生きていらっしゃるのに、私が死ぬというはずはありません。このことばは先生と弟子との間にあったお互いの強い信頼、それを物語ることばで何よりもあると思います。

こういうふうに強い信頼に結ばれました弟子たちを引き連れながら、あちこちをへめぐったのでありますが、どこへ行っても孔子の理想をなかなか政治家たちは聞き入れない、政治家たちが聞き入れないばかりでなしに、いろいろ冷たい批評もあった。すでに申しましたが、川の渡し場がわからずに、弟子に渡し場はどこかということを向こうで耕しております二人の百姓に問いにやらせましたところ、長沮桀溺という二人の百姓は、渡し場はどこにあるとも教えずに、あの車に乗っているのはあれは孔丘か、あいつは知恵者だからあいつが渡し場の場所は知っているだろうといって、相手にしなかったという話、それからまた楚の国へ参りましたときには、楚狂接輿が孔子の車の前を通り過ぎまして、〈鳳や鳳や、何んぞ徳の衰えたる〉と、大きなおおとりのごとき方よ、何とあなたは気の毒な目にあっていらっしゃることか、という歌を歌って、車の前を通り過ぎたというふうなお話、これはいずれも「論語」の中にあるお話であります。

　あるいはまた、こういう条もございます。これは「憲問」第十四にございますが、「子路宿於石門」〈子路、石門に宿る〉例の子路であります。それが石門というところに、これは何か子路だけの旅行であったのでありましょうが、そこに宿をとったことがある。そうすると、「晨門曰」〈晨門曰わく〉そこの町の門番が尋ねました。「奚自」〈奚ずこ自りす〉あなたはどこから来たか。「子路曰、自孔氏」〈子路曰わく、孔氏自りす〉孔先生のところに厄介になっているもので、孔先生のところからやってきました。そうするとその門番が申しますのに、「是知其不可而為之者与」〈是れ其の不可なるを知りて、而かも之れを為す者か〉とてもだめなことだと知りながら、しかもいつまでもそれをやり続けるあの方かね、あの方のところから来なさったのかねと、そう子路に石門の門番が語ったという話も見えております。このことばは、むしろ孔子に同情的なことばであります。

またもっと積極的な孔子の支持者も、当時の市民の中にはおりました。これは「八佾」第三に見える章でありますが、儀というところへ孔子が参りましたときに、「儀封人請見」〈儀の封人見えんことを請う〉。封人というのは、税関の官吏だというふうに注釈家は申しておりますが、儀のまちへ孔子の一行が着きましたときに、そこの税関のお役人が孔子に謁見したいといった。まず申しますには、「君子之至於斯也、吾未嘗不得見也」〈君子の斯こに至るや、吾れ未まだ嘗つて見るを得ずんばあらざるなり〉偉い方がここをお通りになると、私はいつもお目にかかっておりますと、そう申しましたので、「従者見之」〈従者之れを見えしむ〉孔子に従っております弟子たちが、彼を先生に会わせた。「出曰」〈出でて曰わく〉会見が済みますと、その人は外へ出て、弟子たちに申しました。「二三子何患於喪乎」〈二三子、何んぞ喪に患えんや〉皆さん方よ、こうしてあちこちを放浪していらっしゃるけれども、何も放浪を苦になさることはありません。「天下之無道也久矣」〈天下の道無きや久し〉われわれの世界が正しい方向を失ってからずいぶんになります、「天将以夫子為木鐸」〈天は将に夫子を以って木鐸と為さんとす〉天の意思はあなたたちの先生を、〈木鐸〉木の鈴、木の鈴を振るのは、文明の指導者のすることであります。天の意思はあなたたちの先生を文明の指導者としようとしている、皆さん方よ、いまは苦労していらっしゃるけれども、御心配になることはありませんという、そういうあたたかいことばをかけてくれる市民もありました。

　しかしけっきょく孔子の理想は、なかなか達せられなかった、どこへ行っても達せられなかった。そうした中で孔子はしばしば失望のことば、失望に近いことばをも、発しております。たとえば「陽貨」第十七には、こういう章がございます。「子曰、予欲無言」〈子曰わく、予れ言うこと無からんと欲す〉孔子があるときいった、私はもう何もいうまいと思う、私はものをいうのに疲れた、私はもう何もいうまい。〈子曰わく、予れ言うこと無からんと欲す〉すると、そばにおりました弟子の子貢がいいました、「子如不言、則小子何述焉」〈子如し言わずんば、則ち小子は何をか述べん〉先生がもう何もお教えを垂れないとしますならば、〈小子〉私ども若い者は、一たい何を基礎にしたらいいのでしょう。〈子如し言わずんば、則ち小子何をか述べん〉すると、孔子は申しました。「子曰、天何言哉、四時行焉、百物生焉、天何言哉」〈子曰わく、天何をか言うや、四時行なわれ、百物生ず、天何をか言うや〉。おそらく上のほうの大空を指さしたでありましょう。ごらん、あの大空を。大空は何ものを言わない、〈天何をか言うや〉、しかし〈四時行なわれ〉あの大空の上を運行する太陽の位置によって、四つの気候、四季というものが、この地上に進行する、そうして〈百物生ず〉すべてのものが成育する、そうしてもう一ど〈天何をか言うや〉あの天が何かものをいうか、そのように私もものをいうまい。というのは、これは失望をふくむことばであるとともに、やはり自信のことば、自分に対する自信のことばだけでなしに、人類の将来に対する自信のことばのように受け取れます。

　あるいはまた「憲問」第十四には、絶望で始まるようなことばがございます。「子曰、莫我知也夫」〈子曰わく、我れを知る莫き夫〉自分をだれも認めてはくれない。そうすると、そのときもそばにおりましたのは、子貢であります。「子貢曰、何為其莫知子也」〈子貢曰わく、何為れぞ其れ子を知る莫きや〉私を認めてくれないというふうな弱気なことを先生、なぜおっしゃるんですかと、そう申しましたところ、「子曰」〈子曰わく〉孔子は申しました。「不怨天、不尤人」〈天を怨まず、人を尤めず〉私がこうした希望のない旅を続けているのも、これは天の意思であるかもしれない、しかし私は天をうらむ気持ちにはならない。また人間というものは確かに悪い、しかし人をとがめない、私はその中で依然として私の態度を保持してゆくだけだ。「下学而上達」〈下学して上達す〉、あるいは〈下に学びて上に達す〉私はいろいろこまかな勉強をし、そうしたこまかな素材による知識によって、〈上に達す〉ずっと上のほうにある理想に到達したいと思う、というのが「下学而上達」ということばの意味であると思いますが、そうした態度を保持しよう。「知我者、其天乎」〈我れを知る者は、其れ天か〉。人間は私を認めてくれないかもしれない、少なくとも現在の人間は私を認めてくれないかもしれない、しかし〈我れを知る者は、其れ天か〉天は私のことを知ってくれるだろう、そういうことばも「論語」に見えております。

あるいはまた「子罕」第九には、「子曰、鳳鳥不至、河不出図、吾已矣夫」〈子曰わく、鳳鳥至らず、河は図を出ださず、吾れ已んぬるかな〉と、もっとも絶望のことばもあります。〈鳳鳥〉と申しますのは、鳳凰の鳥であります。これは太平の時代、太平というのは、いまわれわれが普通に申しますような軽い意味ではありませんので、絶対平和が地上に実現した時代であります。そのときにはそれへの祝福として美しい鳳凰の鳥が飛んでくるというのが、当時のいい伝えでありましたが、そうした鳳凰の鳥は飛んで来そうにない。それから〈河は図を出ださず〉というのも、やはりそうした太平の時代になりますと、黄河から人間を祝福した絵と申しますか、一種の図象であります、それが浮かび出るという、そうした伝説があるが、そうしためでたい図象も黄河から浮かび出そうにはない。〈吾れ已んぬるかな〉いまはそうした時世ではないようだ、私は失望のほかはないという、これはたいへん深い失望のことばだと思いますが、そうしたことばも「子罕」第九に見えております。

そういうふうな十四年の遊歴の後に再び故国の魯に帰ります。帰りましたのは、孔子の七十に近い年ごろでありました。そのころ魯の国では季康子という家老が総理大臣でありました。これまでにも申しましたように、「論語」のあちこちに見える家老であります。薬を孔子に上げたり、また政治のことをいろいろ孔子に尋ねたりした若い家老でありますが、その家老が総理大臣になりましたので、その意思によって祖国の魯へ帰ります。そして以後七十三歳の、あるいはまたある伝記によれば七十四歳の死に至りますまで、孔子はずっと祖国の魯におりまして、晩年の事業として大きなことをいたします。それは「五経」、五つの古典、あるいはそれにさらに音楽に関するものを加えますならば、「六経」、六古典となりますが、それらを直接には自分の弟子たちへの教科書として、また間接には未来の人類の教科書として編集をするという仕事をいたしました上、なくなりましたのは西洋紀元で申しますと紀元前四七九年、魯の国では哀公の十六年という年、その四月の己丑、つちのとうし、の日であったと、「史記」にはしるしています。己丑というのは、四月の十八日であるという説、また四月には己丑の日はないから五月の十二日であるという説、それはまたただいまの陰暦、というのは当時の暦はただいまのわれわれの陰暦とも違っておりますので、ただいまの陰暦に直しますと、二月十一日であるというふうな、いろいろな説がありますが、とにかくBC四七九年になくなった。ところで、この最後の時期における事業、それはただいま申しました「五経」の編集でありますが、そのほかにもなお幾つか申し上げるべきことがあります。

では、また明日。

第二十二回　最晩年の孔子と孔子伝説

おはようございます。昨日申しかけましたように、孔子がなくなりましたのは魯の哀公の十六年の四月、己丑の日であります。西洋紀元で申しますと紀元前四七九年、これはほぼ確かな日付だと思いますが、「史記」の「孔子世家」によれば七十三、また別の伝記によれば七十四でなくなるのであります。それまで最晩年の数年間を、孔子は祖国の魯で送ります。その間にいたしました事業としましては、もはや現実の世の中には失望いたしまして、将来の人類のために役立とうとして、古典文化を整理いたしまして、五つの古典ないしは六つの古典を後世の人のために編み定めて残したことが最も大きな事業であると、「史記」の「孔子世家」にはいっております。そのことは「論語」自体の中にもそれを反映する章があるのでありまして、「子罕」第九にこういうことばがございます。「子曰、吾自衛反魯、然後楽正、雅頌各得其所」〈子曰わく、吾れ衛自り魯に反り、然る後に楽正しく、雅頌各おの其の所を得たり〉。

〈吾れ衛自り魯に反り〉と申しますのは、十四年間の放浪の間、最も長く足をとどめましたのは衛の国でありますから、ひろく外国の放浪から祖国の魯に帰ってきてという意味を、そう申したのでありましょうが、〈然る後に〉その後に、〈楽正しく〉、楽は音楽であります。孔子が音楽の愛好者でありましたことはこれまでにも申しましたが、過去に発生していたいろいろなすぐれた音楽、それがいろいろと混乱をしていた、私が祖国へ帰ってからそれらを整理したので、音楽が正しい秩序を得るようになった。

また〈雅頌各おの其の所を得たり〉と申しますのは、「詩経」の整理をしたことについてのことばであります。ただいまわれわれが読みます「詩経」三百五篇は、孔子が編み定めたものと考えてよろしいのでありますが、それまでもいまの「詩経」の内容になっておりますような古い歌謡が、いろいろと伝えられており、それは大たいすでに三つの部分に分かれていた。「風」という部分、民謡であります。それから「雅」という部分、政治を批評した歌であります。それから「頌」という部分、これは君主の先祖を祭りますときのかぐら歌であります。それらがいろいろと混乱していたのを、私がちゃんとしかるべき順序に編み定めた、〈雅頌各おの其の所を得〉ることになった。

そういうことばが「論語」にも見えておりまして、これは「史記」が申しますように、最晩年の孔子は、もはや現在の彼の当時の人間には失望いたしましたが、将来の人間のために読むべき書物を残そう、そういう態度にあったということが「論語」の中にも反映したものであります。

孔子が編定いたしましたこれらの「五経」ないし「六経」というものが、過去の中国人が考えましたように、その全部が永遠に人間の規範であるかどうか。「五経」ないし「六経」の「経」という字は、本質あるいは永遠という意味だといわれておりまして、永遠に人間の規範であるというのが過去の中国の意識でありましたが、この過去の中国の意識をそのまま受け入れるべきかどうか、それはむろん問題であります。しかしこれら古典の選択編定ということは、人間は生きるためには必ず学問をしなければならない、書物を読まなければならないという態度、これは孔子の教えの中で私が最も尊重するものでありますが、その態度を何よりも示すものであります。

しかしこのことについてのお話はもう少しあとまわしにするといたしまして、この最晩年の数年間の孔子の行動といたしまして、「論語」の中にはっきり、これはそのころのことだとわかる一条があります。それは「憲問」第十四に見えます一条でありまして、孔子の一種の政治的行動であります。

その内容はこういうことであります。そのころ隣国であります斉の国ですね、当時の最も大国の一つでありました斉の国で弑虐事件が起こりました。いつか申しましたように、この斉の国は王室がずいぶん前から衰弱しておりました。ことに斉の景公、これはたいへん暗愚な君主であったということ、これまでのお話にもたびたび申しましたが、この斉の景公という君主はたいへん長い在位年数をもちながら、しかもすべてに投げやりでありまして、跡取りさえもはっきりきめておかなかった。そうしてなくなりかけましたときに、やっと若いめかけの生みました末っ子を後継者に指定いたしました。ところが、天下をねらう大伴黒主のような一族としておりましたのは、前にもいつか申しましたように、よそからの帰化人の子孫で、陳という家であります。この陳の家が、機会いよいよ到来とばかり、景公が後継者に指定いたしました若い王子、それを後継の君主には立てずして、外国に亡命しておりましたより年のいった王子を、そっと呼び戻しました。そうしてそれをむりやりに次代の君主にいたしました。しかし、この君主も陳の家のいうことを聞きませんので、それを殺してしまいます。そうして更にその子供を擁立したのでありますが、この君主もまた陳の家によって殺害されます。陳の家の当時のあるじは陳成子という人物でありましたが、このとき殺しました君主は簡公と申します。つまり陳成子、簡公を弑するという事件が起こります。それは孔子の死に先立つこと二年、孔子七十一歳ないし七十二歳のときの事件であります。

この隣国で起こりました弑虐事件に対しまして、孔子がいかにも理想主義者らしい行動に出たということが、「論語」の「憲問」第十四にしるしてございます。「陳成子弑簡公」〈陳成子、簡公を弑す〉。いま申しました弑虐事件であります。そのニュースが伝わりますと、孔子は当時、前国務大臣としての礼遇を受けていたのでありますが、「孔子沐浴而朝」〈孔子沐浴して朝す〉からだを清めまして、魯の国の政府へ参りました。そうして当時の魯の殿様哀公の前に出ました。そうして哀公に申しました。「告於哀公曰、陳恒弑其君」〈哀公に告げて曰わく、陳恒其の君を弑す〉。陳恒というのは、陳成子を本名でいったものであります。隣国では弑虐事件が起こりまして、〈陳恒〉が君主を殺害いたしました、黙って見ているわけには参りません、「請討之」〈請う之れを討たん〉どうか征討のいくさを起こしていただきたい。そう申しましたが、当時の魯の君主はむろん実権をもっておりません。「公曰、告夫三子」〈公曰わく、夫の三子に告げよ〉。〈三子〉というのは、例の三軒の家老であります。君主は申しました、あの三人の家老のところへ行っていってください。冷たい突き放したことばであります。と、「孔子曰、以吾従大夫之後、不敢不告也」〈孔子曰わく、吾れ大夫の後に従うを以って、敢えて告げずんばあらざるなり〉孔子は申しました、私は国務大臣としての礼遇を受けている、だから隣国の不正事件に対しては責任がある、だから申し上げずにはおれなかったのだ。

しかし「君曰、告夫三子者」〈君曰わく、夫の三子者に告げよ〉君主はあの三軒の家老のところに行ってそういえとおっしゃる、じゃそちらへ行きましょうといって、「之三子告」〈三子に之きて告ぐ〉三軒の家老のところへ同じことをいいに参りました。しかし三軒の家老も、そうした隣国の事件に対してどうするという気持ちはありません、そうした積極的な気持ちはありませんので、「不可」〈可かず〉いうことをきかない。と、「孔子曰、以吾従大夫之後、不敢不告也」〈孔子曰わく、吾れ大夫の後に従うを以って、敢えて告げずんばあらざるなり〉私は内閣の一員としての礼遇はやはり受けている、それに対して隣国の不正事件を黙視することはできない、どうしても発言せざるを得ないのだ。そういったという章が、「憲問」にございます。これは最晩年の孔子の行動として「論語」が記載するものであります。「史記」の「孔子世家」には、この一条が記載してございません。どうもあまりに空想的な理想主義者のように孔子がとられると司馬遷は思ったのでありましょうか、「論語」にはありますけれども、「史記」には見えておりません。

ところで、孔子の晩年のことといたしまして、これは「史記」にも見えず「論語」にも見えませんけれども、孔子の伝記の中でたいへん重要と普通に意識される事柄が別にございます。それはやはり死に先だちます二年目、魯の暦で申しますと、哀公十四年のことでありますが、そのときに孔子が文明の指導者であることを証拠立てるような一つの奇跡が起こったということが「春秋公羊伝」という書物には記載してございます。この年の春に、あるふしぎなけもの、麒麟という霊獣であります。麒麟と申しましても、あの動物園におりますジラフではありません、日本ではあるビールの商標になっております、あの麒麟です。想像的動物でありますが、この動物は、中国に王者が出現すればその祝福としてあらわれる。王者と申しますのは、太平の時代、つまり絶対平和の時代、その主宰者であります。その人が出現したときには、自然がそれへの祝福として出現させるという霊獣なのでありますが、その麒麟が魯の国に出現した。ところが普通の人間はそれはそういうけだものであるということを知りませんので、むざんに捕獲した。

孔子はそのことを聞きますと、それを自分のところへもってこさせた。見るとそれは麒麟である、麒麟であるということが孔子にはわかる、しかしながらその麒麟はすでに死んでいた。そこで、孔子ははらはらと涙を流して、麒麟よ麒麟よ、お前はだれのために来たか、「孰が為に来たるや、孰が為に来たるや」お前は世界が完全平和な時代になったときにこそやってくるはずのけものである、いまの現実はそれとはたいへん遠い状態にある、お前が来たのは何のために来たのかといって、「袂を反し面を拭い涙は袍を沾おす」たもとで顔の涙をぬぐい、涙ははらはらと着物の上前に注ぎかかったという、こうしたたいへん奇妙な話が「春秋公羊伝（しゅんじゅうくようでん）」には書いてございます。

これは孔子の時代からは三四百年後、大たい西洋紀元に近づきました漢の時代に発生した話であると思います。孔子は文明の偉大な指導者であり、世が世であれば、というのはそうした条件が備わった世の中であれば、孔子は帝王になるべきであったというのが、漢の時代には有力な思想でありましたが、そうした思想を強調いたしますためにできた物語であろうと思います。

さらにまた孔子の死ぬときについても、一つの物語が発生しております。それは又一つの古典でありますが、「礼記（らいき）」の中に見えております。ある朝、孔子はたいへん早く起きた、そうして手をうしろ向けに組んで、つえを引きずりながら、門べを散歩していた。そうして歌を歌った。「泰山はそれ頽（くず）れんか」あの地上の最も大きな山である泰山がくずれそうだ、「梁木はそれ壊（こわ）れんか」一軒の家の中心になりますはりの木が落ちてくる、「哲人はそれ萎（な）えんか」すぐれたる人が衰えるであろう、そういう歌を歌って家の中へ入り、座敷ですわっていた。弟子の子貢（しこう）がそれを聞きつけて、「哲人はそれ萎えんか」と、あの歌声は先生が死に近づかれたということを意味するのでないか。と、大急ぎで中にはいりますと、孔子は、子貢よ、お前はなぜもっと早くこなかったのか、私はゆうべ夢を見た、この座敷のまん中でごちそうをもらう夢を見た。座敷のまん中でごちそうをもらうのには二つの場合がある。一つは帝王のとる食事、それがその場所で行なわれる。もう一つは死者に対する供えもの、それがそこで供えられる。いまはすぐれた帝王の出るべき時期ではない、だとするとこの夢の示唆するもの、それはお前にわかるだろう、自分がまさに死のうとするのだ、そういうふうに子貢に語って、それから七日間病床にあってなくなったということが、これは「礼記」の「檀弓」という篇に書いてあります。

この話もたいへん美しい話のように私は思いますが、歴史事実ではないでありましょう。やはり漢のころに、孔子は世が世ならば帝王になるべき人であったというそうした思想が起こりましてから、その思想を強調するために生まれた話でありましょう。

私がおもしろく思いますのは、同じく人類の教師でありますけれども、孔子の死について発生いたしました伝説は、キリストとは違っております。十字架にかかって血を流してなくなったのではありません。また釈迦とも違っております。弟子たちに守られて幸福な涅槃にはいったのでもありません。現在の人間に失望しながら、しかも未来の人類に対しては期待をかけてなくなった、そうした伝説が発生したことは、いかにも孔子的であります。以上の話は、「論語」そのものに見えるものでありませんけれども、「論語」の中にあらわれます孔子のことばなり行動、それとどこか連なった話のように思います。

では、また明日。

第二十三回　「仁を欲すれば斯に仁至る」――努力と可能性への信頼

昨日申しましたように、孔子はある意味でたいへん悲劇的な英雄であります。一生その理想を説き続けましたけれども、当時の世の中からは必ずしも相手にされず、ばかにされ、ののしられ、あるいはまた迫害をさえも受けました。昨日申しましたような死に近くして麒麟が出現した、絶対平和の時代の祝福として出現すべき麒麟が乱れ切った世の中に出現した、それを見て孔子は「袂を反し面を拭いて、涙は袍を沾おす」と「春秋公羊伝」が申しますこと、また「礼記」の「檀弓」篇には、孔子が死ぬ七日前のこととして、「明王興こらず」いますぐれた王者というものはこの世の中にいない、「天下其れ孰か能く予れを宗ばんや」、その世の中に私はいれられるはずがないといって、それから七日目になくなったというふうな話、これらはいずれも歴史事実ではなくして、後の時代に、西洋紀元に近づいた漢のころに、発生した話でありましょうが、いずれもその悲劇的な性格を強調するものであるように読まれます。

そうして事実また孔子のおりました時代は、彼自身が不遇でありましたばかりでなしに、世の中の秩序がたいへん乱れた、不愉快きわまる時代でありました。斉の景公が政治の要諦を問いましたのに対しまして、〈君君たれ、臣臣たれ、父父たれ、子子たれ〉と答えたことは前に申しましたが、一向に「君は君たらず臣は臣たらず」でありましたのは、ほかでもない斉の景公の国に起こりました不愉快な弑虐事件、帰化人の陳氏が実権を握りまして、景公のむすこ二人、さらにその孫を弑虐する、弑虐を三度も行のう、その三度目の弑虐のときに、孔子は、隣国のことでありますけれども、義憤おさえがたくして、討伐の軍隊を起こしたいと自国の君主に進言したというふうな、たいへん不愉快な事件。また孔子晩年におきますもう一つの不愉快な事件、それは衛の国で起こっております。これまでお話の中に二三度出ました衛の霊公ですね、孔子と接触をもちました衛の霊公、この国にも深刻なお家騒動が起こるのでありまして、霊公はむすこの蒯聵というものと不和になりました。不和になりました原因はこの前にも申しましたが、霊公の奥さんの南子という、これはたいへん淫乱な女性でありまして、若いつばめの愛人の宋朝というのがいたこと、いつか申しました。で、むすこの蒯聵は、自分の出生についても秘密があるのでないか、自分はほんとうに父の子なのかしらというふうなことに疑いをもち、こうなるのもすべておっかさんの身持ちが悪いからだということで、おっかさんすなわち南子を殺そうといたします。そのことが先に南子に知れまして、むすこの蒯聵は国外へ亡命をいたします。ところで、霊公はなくなりますときに、孫を自分の後継者として指定いたします。蒯聵の生んだ子供で、霊公から申しますと孫でありますが、その輒(ちょう)という孫を後継者に指定いたしましたが、霊公がなくなりまして輒が即位しますと、国外に亡命しておりました蒯聵が国へ帰ってくる、そうして王位継承者は自分であるといって親子の間に深刻な争いが起こるというふうな、これはまたたいへん複雑な、そうして複雑であればあるほど不愉快さを増すという事件であります。そういう事件、ただいまの新聞でいうならば社会面かあるいは外電欄をにぎわすような事件が、孔子晩年の、あちこちの国で起こっております。

孔子の祖国であります魯(ろ)でも、下剋上の世の中であって、不愉快な事件がつぎつぎに起こります。孔子自身が迫害を受けたばかりでなしに、孔子を不愉快にするような事件があちこちに起こっておりますが、にもかかわらず、あるいはそれゆえにこそといってよろしいかもしれません、「論語」の中に満ち満ちますものは、人間の可能性に対する信頼であります。そうしてまたそれが「論語」の一番大きな主題であると私は思います。人間というものは元来は正しく生きるものであるという、そうした人間の可能性に対する信頼であります。たびたび引きますように、〈子曰わく、仁遠からんや〉愛情の義務というものは決して遠方にあるものでない、〈我れ仁を欲すれば〉自分が愛情の義務を欲しさえすれば、〈斯に仁至る〉それはすぐやってくるということば、あるいはまた〈子曰わく、人の生まるるや直し〉人間の性格というものはまっすぐなのが本来である、〈罔くものの生くるは〉でたらめの人間が生存を続けているのは、〈幸いにして免るるのみ〉当時の世の中の客観的な情勢は、あざむくもののほうが勢力を得て生きていたのでありましょうが、それは〈幸いにして免るる〉ものだ、それは例外的な存在であるとする。あるいはまた「子曰、誰能出不由戸」〈子曰わく、誰か能く出づるに戸に由らざる〉だれだって家から出ていくときは門口から出ていく、「何莫由斯道也」〈何んぞ斯の道に由る莫きや〉道徳というものは人間がだれでも踏むべきものである、それになぜ人間は道徳を踏まないのか。〈斯の道〉に由らない人間の多いのを憤慨したことばでもありますとともに、やはり〈斯の道〉に由らないものは結局において人間としては例外的な存在である、そうした気持ちをもったことばだと読みとれます。

あるいはまた「民之於仁也、甚於水火」〈民の仁に於けるや、水火よりも甚だし〉愛情の義務に対する人間の関係、それは人間が毎日使っている水あるいは火、それよりももっと近い関係にある。いまわれわれのことばでいえば、空気といいかえてもいいでしょう。愛情の義務に対する人間の関係は、空気のようにわれわれに必須のものである、また非常に近いものである。それを孔子のことばでは、〈民の仁に於けるや、水火よりも甚だし〉というのでありますが、そこではさらに続けて、「水火吾見蹈而死者矣」〈水火は吾れ蹈みて死する者を見る〉水と火はときどき人間を怪我させ、害を与えることもある、「未見蹈仁而死者也」〈未だ仁を蹈みて死する者を見ざるなり〉愛情の義務が人間を殺すという、そうした事例は見たことがない。これもやはり人間は〈仁を欲すれば斯こに仁至る〉という、そういう可能性を常にもっているということを強調するものであります。

また別のことばとしては、「子曰、性相近也、習相遠也」〈子曰わく、性は相い近きなり、習い相い遠きなり〉という有名なことばがあります。人間の本来の性質というものはみんな近接したものであって、〈相い近きなり〉、ただそれが善人と悪人と隔たってくるのは、〈習い相い遠きなり〉後天的な習慣によってそうなるにすぎない、先天的な性質はみんな同じだ、少なくとも近いものだとする。

そのことをまた別の表現では次のようにも申します。「子曰、有教無類」〈子曰わく、教え有りて類無し〉存在するのは教育というものである、教育ということによって人間はいろいろ分かれてくる、しかし本来は〈類無し〉本来、人間の間に区別というものはない。ものにはいろいろな種類がありますけれども、人間には種類というものはない。〈教え有りて類無し〉。このことばは、人間はみんな平等であるということを語っているといえます。伊藤仁斎なんかはこのことばをたいへん重視いたしまして、本来人間の種類というものはない、ただ学問によって〈習い相い遠き〉ことになる、さればこそ学問は、人間にとって重要な存在である、「これ孔子の万世のために学問を開くゆえんなり、至れるかな、大なるかな」と、たいへんこのことばを重視しております。身分制のやかましい江戸時代にあって、仁斎はその人自身も町人でありますし、また弟子にも町人が多かったでありましょうが、そうした地位におりました仁斎といたしましては、孔子のこのことばはことに感激をもって受け取られたと思います。

あるいはまた「論語」の中から、いまいったような思想をより具体的にいったことばをあげますならば、「子曰、三人行、必有我師焉」〈子曰わく、三人行く、必ず我が師有り〉ここに三人の人間が一しょに歩いているとしよう、その中にはきっと自分の先生となるべき要素をもった人間がいる。それぞれに善への方向、愛情への方向をもっているのだから、三人で散歩をしているとしても、話している間にはきっと自分の師となるべき要素、自分の模範とすべき事柄なりことばなりが、そこから発見されるに違いない。「択其善者而従之、其不善者而改之」〈其の善なる者を択んで之れに従い、其の不善なる者は之れを改む〉。ただ三人の何げない散歩の間にも、そうした人間の生き方を学ぶ道はある。

また孔子の人人に対する態度がそうであり、人人に対する期待が常にあったことは、こういう挿話でも示されます。これは「述而」第七に見える挿話でありますが、遊歴の旅の途中であったでありましょう、互郷というところへ通りかかりました。互郷という名前の村でありましょう、どこにあるか、よくわからないのでありますが、その村の人間はたいへん話がしにくいという評判でありました。「互郷難与言」〈互郷は与に言い難し〉。風俗のあまりよくない土地だったのでありましょう。ところがそこのある若者が、〈童子〉と書いてありますが、若者でしょう、「童子見」〈童子見ゆ〉孔子に会いたいといったところ、孔子は気持ちよくその若者に会ってやった。「門人惑」〈門人惑う〉弟子たちはふしぎがった。あのはしにも棒にもかからないといわれている土地の子供にお会いになるというのはどういうわけだろうと、〈門人惑う〉。「子曰」〈子曰わく〉孔子は申しました。「与其進也、不与其退也」〈其の進むに与するなり、其の退くに与せざるなり〉彼が現在の瞬間において私に会いたいというのは、それは彼が進歩の過程にあるのである、私はその進歩に協力するのであって、〈其の退くに与せざるなり〉彼は次の瞬間には、あるいはまた退歩するかもしれない、しかしその退歩のほうには私は協力しない。自分に会いたいというその進歩、それに協力をするのである。お前たちはそれに対して批評がましいことをいうが、「唯何甚」〈唯れ何んぞ甚だしきや〉お前たちの態度は少しひど過ぎやしないか、「人潔己以進、与其潔也」〈人己れを潔くして以って進む、其の潔きに与するなり〉人間が自分の気持ちを清めて進歩の過程にあるときには、その清らかさに協力したい。「不保其往也」〈其の往を保せざるなり〉これから先どうなるか、それはともかくとして、いま現在の瞬間、彼は誠実な気持ちで私に会っているのだ、私はそれに協力しただけだという、これは挿話でありますが、そういうことも「論語」に書いてございます。

またそれを抽象的にいうものとしては、「顔淵」第十二のことばがあります。これもたいへんいいことばだと思います。「子曰、君子成人之美」〈子曰わく、君子は人の美を成す〉人間が何か美しいものをもっていたならば、それに協力して完成してやるのが君子である。そうして「不成人之悪」〈人の悪を成さず〉人の悪意に対してはそれに協力して完成をしてやるということはしない。それでこそ君子である。「小人反是」〈小人は是れに反す〉つまらない人間はその逆だけれども、ということばもございます。

あるいはまた、これも有名なことばでありますが、「里仁」第四にありますのは、「徳不孤、必有鄰」〈徳は孤ならず、必ず隣有り〉dé bù gū, bì yǒu lín と、三字ずつのリズムのいいことばがあります。すぐれた品性、道徳というものは、決して孤独でない、きっとその隣りがある、きっとそれと近接して連続した道徳があり、人物がいるということばも、人間の可能性に対する強い自信、大きな自信を語ることばであろうと思います。

しかしながら孔子は、では人間はただ自然に生きていればそれでりっぱになるか、そう考えたかというと、決してそうではありません。人間はたゆまざる努力が必要であるということをも常に語っております。そのことを最も総括的にいうことばは、「衛霊公」第十五のことばでありますが、「子曰、人能弘道、非道弘人」〈子曰わく、人能く道を弘む、道の人を弘むるに非ず〉。〈道〉というのはすぐれた生活、それを拡大するのは、ほかならぬ人間である、人間こそその能力をもっている、決してすぐれた生活という抽象的なものが、人間を拡大するのではない。〈人能く道を弘む、道の人を弘むるに非ず〉。

またそれと同趣旨のことばは、あちこちに見えるのでありまして、「衛霊公」第十五、同じ篇でありますが、「子曰、君子求諸己、小人求諸人」〈子曰わく、君子は諸れを己れに求め、小人は諸れを人に求む〉。何ごとも自分自身の努力によってこそ決定されるのであって、ゆえに〈君子は諸れを己れに求め〉、〈小人〉つまらない人間は、〈諸れを人に求む〉自分は努力せずに人に期待する、それは小人であって君子ではない。

こういうふうに人間はどこまでも努力しなければならない。だから人間は、自分自身の努力によってこそ完成される。したがってまたそれは自分自身の問題であり、人の自分に対する評価とは、必ずしも関係しない。そうした意味のことばがあちこちに見えているのでありまして、きょうはまずその一つだけを申しますと、まず最初の「学而」第一の終りに「不患人之不己知、患不知人也」〈人の己れを知らざるを患えず、人を知らざるを患うるなり〉という有名なことばがございます。お話途中になりましたが、あとは明日にいたしましょう。

第二十四回　「怪力乱神を語らず」――人間の限界への洞察

おはようございます。昨日申しましたように、人間の可能性への信頼ということが「論語」の最も大きな主題であります。〈仁遠からんや、我れ仁を欲すれば、斯こに仁至る〉でありまして、人人はみな真実の愛情の生活、善の生活への可能性をすぐそこにもっている、しかし、それは人人の努力、自分自身の努力によってこそ得られるというのが、その次の重要な事柄、あるいはそれと相並んで重要な事柄であります。昨日申しましたように、〈君子は諸れを己れに求め、小人は諸れを人に求む〉でありまして、あくまでもそれは自己の努力によって善に近づく、真実の愛情の生活に近づく。〈我れ仁を欲すれば〉でありまして、仁を欲しなければならない。それは人まかせではいけないのでありまして、あくまでも自己によって欲せられなければならない、自己によって欲し自己によって実現されなければならない。〈人能く道を弘む、道の人を弘むるに非ず〉

であります。

しかし、人間はいかに努力いたしましても、すぐ人からは認められないこともあるかもしれません。その場合には、一そう自己への反省を強めるというのが、開巻第一「学而」篇の初めの章に見えますことば、〈人知らずして慍まず、亦た君子ならずや〉幾ら学問をして正しく生きようとしても、人は認めないかもしれない、しかしその場合に腹を立てない、それでこそ君子であるということばがそれでありますが、かく自分自身がたとえすぐには人から認められなくても、そのことのために腹を立てずに反省を重ねよということばは、ほかにもいろいろ見えるのでありまして、昨日のお話の終わりに申しかけた章でありますが、「学而」篇の一番おしまいの章にはこう申します。〈人の己れを知らざるを患えず〉人が自分を認めてくれないということは、その人の憂えではない、問題ではない。その次に普通のテキストは「患不知人也」〈人を知らざるを患うるなり〉となっていまして、それならば、世の中にはたくさん認めるべき人がある、それを自分が知らないということこそ問題であると、普通のテキストはそうなっておりますが、あるテキストにはあとのほうの句の〈人〉という字がなく、「患不知也」となっています。それならば〈知られざるを患うるなり〉となるのでありまして、私はそのテキストのほうがいいと思います。〈人の己れを知らざるを患えず〉、それは問題でない、〈知られざるを患うるなり〉自分が充分に人から認められるだけの条件をもっていないことこそ問題である、人が自分を認めないということは問題ではない、それよりも、かく自分が人から認められないのは、何か自分になお至らないところがあるのではないか、そういう反省こそ重要である、そうなっているテキストのほうがいいと思います。そう思いますのは、同じ趣旨のことばは「論語」のあちこちに、たびたび繰り返してあらわれるからであります。

「里仁」第四という篇には、「不患莫己知」〈己れを知る莫(な)きを患えず〉自分が認められないということは問題でない、「求為可知也」〈知らる可きを為すを求むるなり〉人から認められるようなこと、それをすることを希求しなければならない。

またおしまいのほうの篇へまいりますと、「憲問」第十四に「子曰、不患人之不己知、患其不能也」〈子曰(しい)わく、人の己れを知らざるを患えず、其の能(あた)わざるを患うるなり〉人から認められる認められないは問題でない、認められるだけの充分の能力をもたない、それを問題とせよ。また「衛霊公」第十五には、「子曰、君子病無能焉」〈子曰わく、君子は無能を病(にく)む〉自分にその能力がないのこそ心配する、「不病人之不己知也」〈人の己れを知らざるを病まざるなり〉人から自分が認められないといって、そのことを問題にはしない。

これらの条は、いずれも自分自身の努力こそ何よりも重要であるということを、繰り返して説くことばなのであります。

またそういうふうに自分で努力するものは、必ず人から認められるというふうに、人を励ました章もあります。「雍也」第六にあります章でありますが、「子謂仲弓曰」〈子、仲弓を謂いて曰わく〉。仲弓という弟子のことを批評していった章であります。この仲弓という弟子は、出身が卑しかったという説がありますが、その弟子を、これは比喩で批評しております。「犂牛之子」〈犂牛の子〉というのは雑な耕作用の牛、つまり普通の牛の子供でも、「騂且角」〈騂且つ角〉赤いりっぱな毛並みをもっており、そうしてりっぱな角をもっている場合は、「雖欲勿用」〈用いる勿からんと欲すと雖も〉それを役に立てまいとしても、と申しますのは、そうしたりっぱな牛は、神様を祭るときのいけにえになります。これは牛にとって迷惑なことのようでもありますけれども、より多く名誉であります。この名誉を、たとい〈犂牛の子〉その辺の野らにいる雑な牛の子供であっても、りっぱな毛並みをもってりっぱな角をもっているかぎり、獲得しよう。何となれば、たとい人間はそれを神様へお供えをする気がなくても、「山川其舎諸」〈山川其れ諸れを舎てんや〉お祭りの対象となる山の神様、川の神様が、見捨てられるということがあろうか、きっとそれはお供えの牛として使われる。そのようにあの仲弓という男も出身が卑しいので、人人は彼を尊重しないけれども、彼はきっとそのうちに人人から尊重されるようになる、彼は自分自身で努力を続けているから、ということばのように読みとれます。

かく努力をする者は必ず報いられるという自信、それが自分自身の上ではあの匡での法難のときの、たいへん強いことば、孔子自身に対する自信のことば、〈文王既に没す、文茲に在らざらんや、天の将に斯の文を喪ぼさんとするや、後に死する者斯の文に与かるを得ざるなり、天の未だ斯の文を喪ぼさざるや、匡人其れ予れを如何〉。これまで二度ばかり引いたと思いますが、あの強い自信のことば、天が文明というものを滅ぼそうとするならば、私のようなこの後世のものが、文明の伝統に参与し得るはずがない。しかるに自分は現在文明の伝統に参与しているとするならば、それはつまり天は文明を滅亡させる気持ちがないことである。そうだとすれば、私をいま包囲して迫害を加えているこの匡の土地の人間などが、私をどうすることができるか、私は文明の伝統を発揚するためにこんなに努力している、それが報いられないはずはないという強い自信のことばにもなったのでありましょう。

こうした人間への期待、人間の可能性に対する自信、それは未来の人間に対する期待ともなっております。そうしたことばとしては、例の〈後生畏る可し〉ということばがあります。「子曰、後生可畏」〈子曰わく、後生畏る可し〉若者こそは尊敬すべきである、「焉知来者之不如今也」〈焉んぞ来たる者の今に如かざるを知らんや〉未来の人間が現在の人間に及ばない、年寄りのほうがすぐれている、若い者はだめだ、そういうふうにどうして決定できるか、そう決定できる理由はどこにあるか。かく〈後生畏る可し〉若者こそ尊敬すべきである、という未来の人人に対する期待のことばともなっております。

もっともこのことばにはただし書きがついておりまして、「四十五十而無聞焉、斯亦不足畏也已」〈四十五十にして聞こゆる無きものは、斯れ亦た畏るるに足らざるのみ〉四十五十の年になって何の評判も立たない人間、そういう人間は一向尊敬するに値しないが、というただし書きもついております。しかし原則としては未来の人間に対する強い期待のことばであります。

同じような期待のことばは、「君子疾没世而名不称焉」〈君子は世を没るまで名の称せられざるを疾む〉一生の間、何の名声をももたない、何の仕事をもしないというのを、君子はいやがる。あるいは「年四十而見悪焉、其終也已」〈年四十にして悪まるるものは、其れ終わらんのみ〉四十になっても人からいやがられる人間、それはもう救いようがないと、いままで申しました思想を裏返していったようなことばも存在しております。

こういうふうな人間の可能性に対する強い信頼、それが「論語」の主題であります。

しかし同時にまた人間は多くの限定をもった存在であるということも、常に孔子の頭にあったようであります。人間の世の中にはいろいろ人間の努力をこえて、人間の努力を妨げるような不幸な事柄が起こります。また人間の知恵では解決し得ないような、いろいろなふしぎな事柄が起こります。それらは人間を超越した何ものかの下す運命である、そうした考え方はどこでも起こりやすいものでありますが、そうした人間を超越したものとして孔子が考えましたものは、〈天〉でありますが、この〈天〉のことを孔子はあまり語りたがらなかったことは、すでにいつか申し上げた通りであります。また、弟子の子貢が申しましたように、〈夫子(ふうし)の文章は得て聞く可きなり〉先生が文学なり学問について話されるのは、その話はたびたび聞いたけれども、〈夫子の性と天道とを言うは〉人間性の究極は何であるか、またここでは〈天道〉天の道ということばを使っておりますが、それらについてのお話はあまり聞くことができない、〈得て聞く可からざるなり〉あるいはまた、〈子は怪、力、乱、神を語らず〉超自然のふしぎについては、先生は話をしなかった、もっともこの章の読み方についても問題がありまして、普通には孔子はそうした奇怪な事柄あるいは神秘な事柄、それについては口にしなかったと解いておりますが、荻生徂徠、「論語」についていろいろ新しい解釈を出した徂徠ですね、彼は孔子といえども、化けものの話を好まなかったはずはない、家庭ではそうしたお化けの話、あるいは神様の話、それもしたろう、座談としてはしたろうけれども、正式の教訓としては語らなかった〈子、怪、力、乱、神を語せず〉というその〈語〉というのは「論語」の〈語〉であって、公式なことばとしては話さなかっただけで、私的なお話としてはそういうことも話したろう。もし私的な生活でも、そういうことに興味をもたなかったとすれば、それは人間でない。孔子がいつもしかつめらしいことばかりいっていたとするのは、かえって孔子の本来を見そこなったものだというふうな説を立てております。まあ何にしても怪、力、乱、神のことはあまり語らなかった。

それからまたあのやんちゃ坊主の弟子の子路が、「問事鬼神」〈鬼神に事うるを問う〉、それに対しては、「子曰、未能事人、焉能事鬼」〈子曰わく、未まだ人に事うる能わず、焉んぞ能く鬼に事えん〉人間のことさえも処理ができないのに、人間以上の存在である鬼神の事柄をどうして処理できよう。しかし子路はさらに無遠慮に、「敢問死」〈敢えて死を問う〉先生、もう一度質問させてください、死とはどういうものでしょうか。「曰、未知生、焉知死」〈曰わく、未まだ生を知らず、焉んぞ死を知らん〉この生きている間のことさえもわからないのに、どうして死のことがわかるか。人間の限定としてある最も大きなものは、われわれは必ず死ななければならないということであり、人生は有限であるということでありますが、しかしそのことについても孔子は語るのを避けたようであります。

あるいはまた子路との問答では、こうした興味のある章もあります。「子疾病」〈子、疾病なり〉。孔子があるとき危篤の病気になりました。このときの病気は結局なおったようでありまして、その最後の病気ではないのでありますが、あるときたいへん重い病気になった。すると「子路請禱」〈子路、禱らんことを請う〉子路が神様にお祈りしたいと申し出た。病気がなおるように神様にお祈りしてはいかがかということを孔子に伺った。と、孔子は「有諸」〈諸れ有るか〉そうした先例があるかということを尋ねました。古典の中に、病気のときには神様に祈るという先例があるかどうかと尋ねたのでありましょう。「子路対曰、有之」〈子路対えて曰わく、之れ有り〉ございます。「誄曰」〈誄に曰わく〉誄というのはどういう書物か、よくわかりませんけれども、当時あった何か古い祈禱書でありましょう。「禱爾于上下神祇」〈爾を上下の神祇に禱ると〉上下の神神に祈ると、そうしたことが古い祈禱書にはございますと、子路がいいましたところ、それに対する孔子の答えは、たいへん含蓄がございます。「子曰、丘之禱久矣」〈子曰わく、丘の禱るや久し〉それならば私は長くもうこれまでもずっと祈っているよ。私はことごとしく神様に祈るということはしない、しかし私は常に正しい生活をしている、自然の意思に合した正しい生活をしている、それが私の祈りである、いまさら神に祈ることはいらない、と答えたという話、これなどは孔子がそうした超自然のものに対する態度をたいへんよく示す含蓄あることばであります。

また樊遅（はんち）という別の弟子が、〈知〉知性ということはどういうことかと尋ねましたときの答えは、「子曰、務民之義」〈子曰わく、民の義を務（つと）めよ〉人間の法則というものに努力せよ、「敬鬼神而遠之」〈鬼神を敬して之れを遠ざく〉であります。超自然の存在、鬼神は尊敬はするけれども、ある距離をもって接する、それこそ「可謂知矣」〈知と謂う可し〉それが知性というものである。そういうふうなことばはなおほかにも見えております。

そういうふうに超自然の存在についてはそもそも語りたがらなかったということはあちこちに見えておりますが、しかしながら人間の生活には何かふしぎなものがある、人間の善意を越え努力を越えて、しかも人間に不幸を与えるものがあるということも、常に孔子の意識にあったようであります。あるいはまたそこのところが「論語」という書物を最も含蓄ある書物にするゆえんであるかもしれません。

あとは明後日になりますが、来週申し上げます。

第二十五回 「天命を畏る」――「論語」の運命観（一）

「論語」に見えます孔子のことばは、これまで申してまいりましたように、人間の可能性への大きな信頼、期待をもち続けております。それが「論語」の中心となる思想であります。たびたび引くことばでありますが、〈仁遠からんや、我れ仁を欲すれば、斯(ここ)に仁至る〉であり、〈人の生まるるや直し〉であります。また、いままで引かなかったことばで申しますならば、「顔淵」第十二の篇にはこういう章がございます。司馬牛(しばぎゅう)というのも、弟子の一人でありますが、「司馬牛問君子」〈司馬牛、君子を問う〉、〈君子〉とはどういうものかということをたずねた。「子曰、君子不憂不懼」〈子曰わく、君子は憂えず懼(おそ)れず〉。それが〈君子〉であると孔子は答えました。司馬牛はさらにたずねました。「不憂不懼、斯謂之君子矣乎」〈憂えず懼れず、斯れを之(こ)れ君子と謂(い)うか〉憂えずおそれず、それだけで〈君子〉といってよろしいか。それに対する孔子の答えは、「子曰、内省不疚、夫何憂何懼」〈子曰わく、内に省りみて疚しからずば、夫れ何をか憂え何をか懼れん〉心の内をふりかえってみてやましくさえなければ、人間は何を心配し何をびくびくするか、これもまたたいへん強い楽観のことばであります。

しかしながら、このように人間に期待をもち続けます孔子は、しかし一方では、人間には人間の努力を越えてどうしようもない運命、それがやはり人間を支配するものとしてあるということに対しても、無感覚ではありませんでした。それに対しても敏感であったようであります。人間の力ではどうしようもない運命的な事柄、それを孔子は〈命〉と呼んでいるようであります。〈命〉という字は、後に申しますようにほかの意味をもあわせもちますが、運命的な現象、それも〈命〉ということばで呼んでいるようであります。そうした〈命〉の存在を孔子が感じました事柄として「論語」に見えます一つの章は、「雍也」第六の篇に、伯牛といって、これも弟子の一人でありますが、その伯牛の病気を見舞った際のことばとして見えます。伯牛の病気はおそらく癩病だったろうというふうに注釈されておりますが、「伯牛有疾」〈伯牛疾有り〉、それを孔子が見舞いに参りました。「子問之」〈子之れを問う〉「自牖執其手曰」〈牖自り其の手を執りて曰わく〉。いやな病気でありますから、寝室は隔てられた壁の中にあり、小さな窓があいている、その窓から伯牛は先生が来たというので手をさし出しました、その手を孔子は握りました。そうして「曰」〈曰わく〉申しました、「亡之」、この二字は私にはよく読めませんが、そのあとには〈命〉の字が出て参ります。「命矣夫、斯人也而有斯疾也、斯人也而有斯疾也」〈命なるかな、斯の人にして斯の疾有るや、斯の人にして斯の疾有るや〉と、最後のことばは繰り返して二度いわれておりますが、繰り返されました嘆きの前にあるのは、「命矣夫」〈命なるかな〉という三字であります。これはこのすぐれた人物が、こんな業病にかかっているという、運命の不可解さをいうことばとせねばなりません。

こうした不可解な運命、人間の努力を越えました不可解な運命、それを下すものはやはり〈天〉であると考えられたようでありまして、〈天命〉ということばが、これまたあちこちにあらわれます。〈五十にして天命を知る〉天が人間に与える運命それを五十で悟ったと、そこにもあらわれておりますし、また「季氏」第十六の篇には「孔子曰、君子有三畏」〈孔子曰わく、君子には三つの畏れ有り〉おそれつつしむものが三つある。「畏天命」〈天命を畏る〉それが第一であります。第二には「畏大人」〈大人を畏る〉。第三には「畏聖人之言」〈聖人の言を畏る〉。その三つのものに対して敬虔であるといっておりますが、敬虔であるべきものの第一は、〈天命〉でいわれております。それに反して〈小人〉つまらない人間は、「不知天命而不畏也」〈天命を知らずして畏れざるなり〉

天が人間に与える運命を心得ずして敬虔でないもの、それはつまらない人間である、そういうふうにいっております。

ところで、この〈天命〉ということば、あるいはまた簡単にしては〈命〉ということばについて考えて見ますと、伯牛の病気の見舞いに参りましたとき、〈命なるかな、斯の人にして斯の疾有るや〉と申しましたときの〈命〉これは単純に運命、人間を限定するものとしてある運命という意味のようでありますが、ほかの場合の〈命〉という字は、運命という意味とともに、使命、天が人間に与えた使命、そうした意味をも、運命という意味とともにあわせ含んでいるように読まれるのであります。〈五十にして天命を知る〉は、すでにそれでありまして、天が人間に与える限定というものを知りましたとともに、その限定の中にいるにもかかわらず人間はその可能性を充分に伸ばすべきである、伸ばすように努力すべきである、そうした使命を天から授かっていることをも知った。人間はどうにもならない運命の支配下におります。しかし、そうしたどうにもならない運命の一つとして、天から授かった使命がある。すなわち善意の動物として行動すべしという使命、それが人間の運命の一つとしてあるということを、五十の孔子は悟ったということであるように私は考えます。

また〈君子に三つの畏れ有り、天命を畏る〉というその〈天命〉も、そうした天が人間に使命として与えるところの運命、その運命は人間をいろいろな限定の中にも置きますが、同時に人間を拡充するものでもあるところの使命、それがやはり〈天命を畏る〉というときの〈天命〉であろうと思います。

そこで思いあわせますのは、かの有名なことばであります。「子在川上曰、逝者如斯夫、不舎昼夜」〈子、川の上に在りて曰わく、逝くものは斯くの如き夫、昼夜を舎かず〉。遊歴の旅の途中でありましょう、どこかの川の流れを前にいたしまして申したことばであります。〈逝くものは斯くの如き夫、昼夜を舎かず〉流れ行くものはこの水のごとくであろうか、昼も夜も一刻も停止することなく流れて行く。

このことばには二様の解釈がございます。人間の進歩というものは、この川の水のように一刻の休みもない、つまり〈逝くものは斯くの如き夫〉というのを、進むものはかくのごときかな、と読むのであります。宋の朱子の解釈はその方向を主張いたします。「天地の化、往く者は過ぎ、来たる者は続き、一息も停まること無し」人間が一度息をする間もとどまることはない。「これ乃ち道体の本然なり」それが宇宙の本来の姿である。「然れども、其の指さす可くして見るに易き者は、川の流れに如くは莫し」そのことを最もよく示唆し象徴するのは川水の流れである。「故に此に於いて発して人に示し」川の水を指さして、ゆくものはかくのごときかな昼夜をおかずといって、「学ぶ者の時時に省察して」時時刻刻自分を省みて、「毫髪も間り断ゆること無きを欲するなり」しばらくの間もなまけてはいけない、そういうふうに人を励ますことばだというのが、宋の朱子の解釈でありますし、日本の儒者の説でも、伊藤仁斎は、その方向であります。「此れ君子の徳の日びに新たにして息わざること、川の流れの混混として已まざるがごとくなるを言うなり」。そういうふうに川の水の流れを進歩の原理、つまり人間が天から与えられました使命に応じて努力すべき、その方向の原理として川の水を指さしていったとする説が、一方にあります。

それとともに、一方ではもっと悲観的な読み方があります。〈逝〉という字を進む意味とせずに、過ぎ行くものとして読むのであります。過ぎ行くものはこのように時時刻刻として休みなく過ぎていく、その過ぎ行くものの上にわれわれは年をとり、死に、歴史は過ぎ去ってゆく。過去は刻刻に過去となってゆく。そうした推移の上に浮かぶものとして、わが生命さえもやがて過去のものとなるであろう、そういう悲観のことばと読む説であります。「論語」の古い注釈は、どちらかといえばそっちのほうに傾いております。また日本の儒者でも荻生徂徠は、そっちのほうの説であります。ゆくもののゆくは〈逝〉の字であり、人間が死ぬことを日本語で逝去と申しますが、あの字が書いてあります。そもそもこの〈逝〉という字は、ものの推移を悲観をもってながめるときのことばであって、朱子を初め仁斎などはそうしたことばの使い方を知らない、だから〈逝く者は斯くの如し〉というのを楽観的な進歩の原理のようにいっているが、そうではなくして推移するものはこのようである、昼夜をおかずにすべては推移していくという悲観のことばである、そう読まなければならないということを、徂徠は主張いたします。

ところで私は、〈逝く者は斯くの如し、昼夜を舎かず〉ということばは、悲観、楽観、両方の意味を含めていると読むことはできないかと考えております。時間は確かにものを時時刻刻に過去に移して参ります、滅亡の原理でもあります。しかし同時にまた、時間があればこそ人間の生命はあり、進歩はあるのであります。それは生命を奪うものであるとともに、生命を伸ばすものでもあるのであります。川の水の休みなきがごとく、個人といたしましても、また人間全体といたしましても、すべては移りゆいて過去となりますが、同時にまた進歩もまたきわまりがない、そういうふうな感覚が同時に孔子の頭の中を流れていたというふうに私は考えて、このことばを読んでおります。

かく人間への楽観を中心とし、人間の可能性を強く信ずるとともに、そこには人間の力ではどうすることもできないものも人間を見舞うことがある、そうした嘆きに対しても孔子は決して鈍感ではなかったということを、もう一つ示しますのは、これもいつか引きましたが、最愛の弟子である顔淵(がんえん)がなくなったときのことばであります。顔淵すなわち顔回は、一番よくできる弟子であり、また最愛の弟子でありました。しかし若死にをいたしました。幾つで死んだかはいろいろ説が分かれるのでありますが、充分なよわいを得ずに死にました。孔子はしばしば人人から、あなたのお弟子の中で学問好きなのはだれかということを問われましたときに、顔淵というものがあって、学を好んだけれども、〈不幸にして短命にして死せり〉短い命で、人間としての使命を充分に果たすことができずに死んだということを二度ばかりいっております。

この顔淵のなくなりましたそのときの孔子の行動なりことばなりが、「先進」第十一の篇に四章ばかり、かたまって見えております。そのうち一つは孔子の悲しみがいかに深かったかを示しておりまして、「顔淵死、子哭之慟」〈顔淵死す、子之れを哭して慟す〉顔淵がなくなりましたときに、いつもは平静な、節度を重んじます孔子が、この弟子のためには慟哭した、われを忘れて慟哭した。「従者曰、子慟矣」〈従者曰わく、子慟せりと〉ついておりました弟子が、先生はさっき取り乱してお泣きになりましたね。とそう申しますと、孔子は申しました、「有慟乎」〈慟する有りしか〉そうか、私は取り乱すまで泣いたか、「非夫人之為慟而誰為」〈夫の人の為に慟するに非ずして、誰が為にせん〉私がこの世の中でそのような慟哭をささげるべき人間としては、ただあの男だ、あの人のために慟哭しなくて、だれのために慟哭するのだ、という章がございます。

いま再び問題にしたいのは、同じ場所に見えますもう一つの章であります。「顔淵死、子曰、噫、天喪予、天喪予」〈顔淵死す、子曰わく、噫、天予れを喪ぼせり、天予れを喪ぼせり〉。最後のところは、天喪予、天喪予、tiān sàng yú, tiān sàng yú と、二度繰り返されておりますが、人人のため役立つばかりでなく、自分にとっては何よりの協力者であったところのこの人物が若くしてなくなったということは、〈天〉が私に与えた破滅であると、そうした意味に読みとれます。〈天〉に対しまして、孔子は人間の善意を保護するもの、人間の生活を常に幸福の方向へ導こうとするものであると、そうした信頼を大体としては寄せていたと考えてよろしいでありましょう。これもすでに引いたことばでありますが、〈天何をか言わんや、四時行なわれ、百物生ず〉と、天は何ものをいわないけれども、自然の秩序は平静に運行しているではないかというのは、そうした天に対する信頼であります。しかしその信頼すべき〈天〉がこうした不可解なことをも人間に与える、ほかならぬ自分の上に与える、それはただ単に顔淵の不幸であるだけでなしに、自分自身の不幸でもある、どうしてこういうことが起こるのか、そうしたところから生まれた慟哭のことばが、〈天予れを喪ぼす、天予れを喪ぼす〉であります。

ところでこのことは、あるいは孔子において初めて強く感ぜられました新しい感覚であるかもしれません。と申しますのは、孔子までの世界観、それは孔子よりもより多く楽観的であったように見えます。ただいま伝わります「書経」は、孔子が編集したそのままの形ではなくても大体そうであると考えられますが、たとえばその中には「惟れ天は下なる民を監て、厥の義を典にし、年を降すに永き有り永からざる有り」人間の命は長生きするものもあり長くないものもあるが、それは「天の民を夭するに非ず」天が人間を夭折させるのではない、「民が中に命を絶つなり」人間が不健康なことをするとか不道徳なことをするとか、人間自身の責任でそれは短命であるのだ、若死にするんだ、といっております。そういうふうな非常に割り切った思想のほうが、孔子以前はむしろ有力であったのでないかと思われるのでありますが、それと孔子の立場、孔子の考え、孔子の感じ方は、少なくともただいま申しました〈顔淵死す、子曰わく、噫、天は予れを喪ぼせり、天は予れを喪ぼせり〉ということばにあらわれる限りでは、違っております。人間に対する見方がより深くなっている、そこに「論語」という書物の含蓄があると私は考えております。

では、また明日。

第二十六回 「中庸の徳」——「論語」の運命観（二）

おはようございます。これまで申してまいりましたように、人間は大きな可能性をもっている、その可能性を信じて、可能性を生かす方向へ人間は進まなければならない、それが人間の使命である、同時にまた運命である、しかしそれとともに人間は多くの限定をもっている、限定をもっているということを心得て、使命あるいは運命に邁進する、あるいは限定をもっていることを知ればこそ、一そう人間の運命として与えられた使命に勇敢に進まなければならないというのが、「論語」のあるいは結論であるかもしれません。

「論語」の最後の章、それは「堯曰（ぎょうえつ）」第二十という篇でありますが、そのまた最後の章は、次の如くであります。すなわち〈子曰わく、命を知らざれば、以って君子と為（な）す無きなり〉であります。天が人間に与えた運命、それはまた天が人間に与えた使命でもあ

ります が、それを知らなければ君子たる資格はないというのでありまして、そのことばで「論語」二十篇五百章は終わっております。これはあるいは偶然ではなく、編集者が特にそのことばを全部の本の締めくくりとしたのには、ある意味があったように見受けられます。

「論語」の人間の見方はそうであります。そこから当然に起こります結果といたしまして、「論語」のことばは常に熟慮的であります。慎重であります。人類の教師はほかにもいろいろございますが、それらの教師の中で孔子の教えますところは最も熟慮的であり、最も慎重であるということが申せるかもしれません。孔子の人柄がたいへん熟慮的であったということは、その小さな日常の生活にもあらわれていたようでありまして、そのことを示します章がこれまでにもふれましたように、「論語」のあちこちにございます。たとえば孔子は歌の会に出まして、人が歌を歌っているのを聞きました際、いい歌だと思ったときにはきっともう一度歌い直してもらって、よくそれを聞いてから一しょに合唱をしたということが、「述而」第七に見えております。「与人歌而善、必使反之」〈人と歌いて善みすれば、必ず之れを反せしめて〉もう一度歌ってもらって、「而後和之」〈而る後に之れに和す〉。

あるいはまたそうした日常の小さな生活のまた一つといたしまして、近親に死者をもった人、つまり近親の喪にいる人のそばで御飯を食べるときには、腹一ぱい食べなかった。「子食於有喪者之側、未嘗飽也」〈子、喪有る者の側に食するには、未まだ嘗つて飽かざるなり〉。

また葬式に行ったその日には歌を歌わなかった。「子於是日哭、則不歌」〈子は是の日に於いて哭すれば、則ち歌わず〉一日のうちに感情のリズムが乱れるのをいやがって、そうした生活にこまかな心配りをもしました。

あるいはまたあるめくらの音楽のお師匠さん、師冕というめくらの楽士が、孔子の家に会いにきたことがある。そのとき階段のところまで来ると、ここが階段ですぞといい、それから座ぶとんのところまで来ますと、ここに座ぶとんがあります、そうしてみんな弟子たちも座につきますと、ここにいるのはだれ、ここにいるのはだれと、一一に教えてやった。「師冕見、及階、子曰、階也、及席、子曰、席也、皆坐、子告之曰、某在斯、某在斯」〈師冕見ゆ。階に及ぶ、子曰わく、階なり、席に及ぶ、子曰わく、席なりと。皆な坐す、子之れに告げて曰わく、某は斯こに在り、某は斯こに在りと〉そういうふうにしてやりましたので、「師冕出」〈師冕出づ〉その音楽の先生が帰りますと、弟子の子張がたずねました。「与師言之道与」〈師と言うの道かと〉めくらのお師匠さんと対話するのにはこういうふうにするんですね、そうたずねますと、「子曰、然、固相師之道也」

〈子曰わく、然り、固より師を相くるの道なり〉そうだ、めくらの方に対してはこういうふうにお世話するのが当然の方法だと答えたという話。あるいはまた、これは前にも申しましたが、孔子が魯の国の殿様の先祖を祭る神社に参りましたときに、一一どういうふうにいたしたらよかろうと故実を尋ねましたので、〈孰か鄹人の子は礼を知ると謂うか〉、孔子という男は有職故実をよく知っているという評判だけれども、そんなことをだれがいうのか、何も知りやしないじゃないかと、悪口をいわれましたとき、かく〈事毎に問う〉のこそ、参拝の礼儀なのだ〈是れ礼なり〉といったこと、また、これもいつか申しましたが、季康子から薬をもらったときに、丁寧におじぎをして受け取ったけれども、この薬の性質がわからないからといって飲まなかったということ、いずれも孔子の神経のこまかさ、またその慎重な性格をあらわす挿話であります。

で、こうした慎重な性格のとうとびますものは、節度を得た行為であります。日常の生活ばかりでなく、もっと大きな生活においても重要とするのは、節度でありました。そうした節度の感覚を、孔子は〈中庸〉ということばで呼んでおります。〈中庸〉というのは、後にもっぱらそのことを論じました書物ができておりまして、孔子の孫が書いたという「中庸」という独立した書物になっておりますが、〈中庸〉ということばは

「論語」にもすでにあらわれているのでありまして、「雍也」第六の篇でありますが、「子曰、中庸之為徳也、其至矣乎」〈子曰わく、中庸の徳たるや、其れ至れるかな〉。人間の生活には、それぞれの方向に黄金分割のようなある一点のきちんとしたところがある、最も美しいところがある、それが〈中庸〉でありましょう。〈中庸の徳たるや、其れ至れるかな〉。しかし「民鮮久矣」〈民は鮮なきこと久し〉そのことを心得たものがだんだんとなくなってからずいぶん時間を経た、そういうふうに〈中庸〉ということばがあらわれます。この連続のお話のはじめで申しました微生高に対する批評、〈孰か微生高を直しと謂うや〉と、微生高という人間は正直者という評判があるけれども、隣りの人がお酢を借りに来たとき自分の家でも酢を切らしていたので、隣りへ行ってお酢をもらってきてそれをやった、そういうのは不正直な行為であると批評しましたのを、本居宣長は、孔子という人は小さなことを気にかける人だと申しておりますが、孔子が微生高に賛成をいたしませんのも、善意はとうとぶべきである、しかし過度に自己を犠牲にしての善意、それは〈中庸〉を失しており、かえって偽りに近づくと、そうした考えでありましょう。

　そうしたことは別の挿話にもあらわれているのでありまして、これも「雍也」第六にあらわれる挿話でありますが、子華、これも弟子でありますが、それが隣国の斉へ孔子の用事で使いに行ったことがあります。そういたしますと別の弟子が、子華の留守中はおっかさんが一人で留守をしておりますから、おっかさんに留守手当を出してあげてくださいと、孔子に頼みました。孔子はよろしい、出しましょう、じゃおっかさんのところへお米を五升分だけ届けなさいと申しましたが、冉子(ぜんし)という弟子はそれでは少な過ぎると思いまして、どっさりお米を届けました。そういたしますと孔子はそれに対してこう批評いたしました。あの子華はたいへん肥えた馬に乗り、軽い毛皮の外套を着て、斉へ行った、あれは金には困っていない、「吾聞之也、君子周急不継富」〈吾(わ)れ之れを聞く、君子は急(とぼ)しきを周(すく)うも富めるに継がず〉。貧乏な人間に対しては援助をする、しかし金をもっているものにまでもそうした過分の援助をすることはない、そういうふうに申しました。

それからまた顔回がなくなったときであります。そのときにも他の弟子たちは、顔回のために身分相応以上のぜいたくな葬式をしてやりました。孔子は忠告してそれをとめましたけれども、他の弟子たちは先生のいうことを聞かずに、たいへんぜいたくな葬式をしてやった。そのときも孔子は、これは私の意思でない、私は顔回を自分の子供のようにかわいがってやっていた、しかるにこの葬式の様子は、私の節度ある愛情、節度ある真実の愛情からははずれるものである、こうしたことになったのは私の責任でない、諸君の責任だといって、たいへんふきげんであった。

あるいはまた、これもやはり顔回がなくなったときのことでありますが、顔回のおとうさんが孔子のところへ参りまして、むすこのためにりっぱなお棺をつくってやりたい、それにはたいへん恐縮ですが、先生はもう政府からは退職していらっしゃるから、車はおいりにならないでしょう、あの先生の乗用車をひとついただいて、あれを売って棺を買ってやりたいというふうなことを申しました。最愛の弟子のことでありますから、孔子はすぐそれを引き受けるかと思って、おとうさんは頼んだのでありましょうが、そのときも孔子は申しました。なるほど君のむすこはりっぱな人だった、しかし私の子供もなくなったが、私の子供の鯉がなくなったときには、りっぱな棺をつくってやることができなかった、私の子供は君の子供ほどできはよくなかったかもしれない、しかし私の子供のためにもりっぱな棺をつくってはやらなかった、あなたの頼みだけれども、車はあなたに上げるわけにはいかない、それにまた私はもはや非職の大臣ではある、しかし大臣としての礼遇は受けている、だから私は徒歩で政府に行くというわけにはゆかない、車はどうしても私に必要だといって、顔回の父の申し出を断わった、それらはいずれも孔子が節度のある行動をとうとんだということを示しております。

ところで、こうした節度のある行動をとうとぶということは、決して消極的にただ単に控え目に生活しろということではないのであります。こうした大胆なことばもございます。「子曰、飽食終日、無所用心、難矣哉」〈子曰わく、飽食終日、心を用いる所無き、難いかな〉一日じゅう、たらふく飯を食って、そうしてしかも何も考えない、そういうことはむずかしい。「不有博奕者乎」〈博奕なるもの有らずや〉ばくちというものがあるじゃないか。ばくちといっては少し下品な訳になるかもしれません、まあ、かるたというものがあるじゃないか、「為之猶賢乎已」〈之れを為すは、猶お已むに賢れり〉せめてそれでもしたほうが、何もせずにぶらぶらしているよりはましだ。そうしたことばもございます。

　さらにまた大きな生活につきましては、こうした重要なことばがございます。「邦無道、富且貴焉、恥也」〈邦道無きに、富み且つ貴きは、恥なり〉国家が道徳を失っている、そうした正しからぬ国家で〈富み且つ貴きは恥〉であると申しますとともに、「邦有道、貧且賤焉、恥也」〈邦道有るに、貧しくして且つ賤しきは、恥なり〉国家がちゃんとしたりっぱな状態にあるときに、貧乏であり且つ高い地位にいない、それは人間の恥である。そうした時代には、すぐれた人間ならば、必ずしかるべき地位について富みかつとうとくあるべきであって、それでこそ人間といえる、そういう意味でありますが、そういうふうに申しております。いつか、ここのところを、私ある学校の入学試験に出したことがありますが、〈邦道無きに富み且つ貴きは恥なり〉のほうは大たい正解でございましたが、〈邦道有るに貧しくして且つ賤しきは恥なり〉のほうは正解がたいへん少なくて、国家に道があるときに貧乏でいやしくてもそれは恥ではないという、まちがった答案がたいへん多かったのを見ました。つまり人はいつも清貧であれという日本にありがちな考え、あるいは日本人が儒学的思想と誤解している考えが、背景にあって、こうした答案を生んだのでありましょう。ここでも日本の普通の考えと「論語」の考えとにはある距離があることを私は感じたのでありますが、それは余談であります。

そういうふうに積極的に生きるべきところは生きるべきである、といって、何でもかでも積極的に生きよというのではありません。また別のところには「子曰、邦有道、危言危行」〈子曰わく、邦道有れば、言を危くし行ないを危くす〉国家に道がある場合には、いうことも行のうことも、充分に人間の可能性を伸ばしてやるがいい、しかし「邦無道、危行」〈邦道無きときには、行ないを危くせよ〉行動はりっぱにせよ、行動をくずしてはいけない、しかし「言孫」〈言は遜れ〉ことばは控え目にせよ、そういう教えもまた別の章には見えております。

また他の人物を批評いたします場合にも、そうした〈中庸〉を得た人物が賞揚されております。「子曰、甯武子」〈子曰わく、甯武子〉その名の人物でありますが、その人物は、「邦有道則知」〈邦道有るときには則ち知〉道ある時期にはたいへん知恵者である、しかし「邦無道則愚」〈邦道無きときには則ち愚〉つまり〈言を遜って〉ことばを控え目にしたのでありましょう、〈愚かもの〉のように見えた、「其知可及也」〈其の知は及ぶ可きなり〉その知恵者である点は他人が学んでおいつけるけれども、「其愚不可及也」〈其の愚は及ぶ可からざるなり〉その韜晦ぶりはなかなかまねができない。

あるいはまた同じような批評でありますが、「子曰、直哉史魚」〈子曰わく、直きかな史魚〉。史魚という人物、これはまっすぐな人間である、「邦有道如矢、邦無道如矢」〈邦道有れば矢の如く、邦道無きも矢の如し〉。いつでもまっすぐな、たいへんこれは正直一方の人物、しかしより賞揚すべき人として孔子が考えるのは、別にありました。「君子哉蘧伯玉」〈君子なるかな蘧伯玉〉これは孔子の親しい友人でありますが、この人こそは〈君子〉だ。何となれば「邦有道則仕、邦無道則可巻而懐之」〈邦道有れば則ち仕え、邦道無ければ則ち巻いて之れを懐にす可きなり〉という含蓄ある批評をしております。

ところで、こうした態度から当然生まれますもう一つのたいへん重要なことは、学問の尊重ということであります。それを明日、最後のお話として申し上げたいと思います。

第二十七回　終わりに――学問のすすめ

おはようございます。一月にわたりました私のお話も、きょうで終わりになります。人類の教師の中で、孔子よりもより崇高な感じをもつ教師はほかにあると思います。しかしわれわれの日常の生活にたいへん密接な感じのする人類の教師、それはやはり孔子であり、またそうした感じの書物は、彼の言行をしるしました「論語」であるように私には思われます。それはこの前申しましたように、孔子がたいへん熟慮的な人物であったからであります。人間の希望を知るとともに人間の限定を知って、限定を知った上で人間の希望に向かって進むべきことを穏やかに説く教師だからであります。

ところで、そうした孔子の立場の上から生まれますたいへん一つの重要な事柄、それは学問の重視ということであります。孔子によりますと、素朴なひたむきな誠実、それはむろん人間にとって必要なものでありますけれども、それだけでは完全な人間にはなれない、必ず学問をしなければならない、学問をすることによって人間は初めて人間になる。人間の任務は〈仁〉すなわち愛情の拡充にあります。そうして人間はみなその可能性をもっている、しかしそれはただ素朴にそう考えるだけではいけないのでありまして、学問の鍛練によってこそ完成される、いいかえれば愛情は盲目であってはならない。人間は愛情の動物である、その拡充が人間の使命である、また法則であるには違いありませんが、愛情の動物であり、その拡充が人間の使命であり、また法則であるということを確かに把握いたしますためには、まず人間の事実について多くのことを知らなければならない、その方法は学問にある。と申しまして、孔子のころには自然科学はまだ学問の重要な部分ではなかったでありましょう。天文学についてだけは多少の知識をもっていたと思いますが、それ以外については古代のことでありますから、なお無知であったでありましょう。孔子が学問として意識いたしますものは過去の人間の経験であります。それを記載した書物をよく読むということが、孔子の学であります。

　孔子が〈学〉をいかに重視いたしましたかは、「論語」をあけますとその第一の章が、〈子曰わく、学んで時に之(こ)れを習う、亦(ま)た説(よろこ)ばしからずや〉。「子曰」その次の字がすぐ〈学〉であることによっても示されております。孔子はしばしば自分について、自分は他の人人と違った点がある、私ほどの誠実さをもった人間はほかにもいようが、私ほど学問の好きな者はおるまい、そこが私と他の人の違うところであるということを申しております。これは有名なことばでありますが、〈子曰わく、十室の邑〉十軒ほどの小さな村でも、〈必ず忠信丘の如き者有らん〉誠実さは私のような人間がきっといるだろう、しかしながら〈丘の学を好むに如かざるなり〉私ほど学問好きではあるまいといっておりますのは、学問の価値を認めることにおいて、おそらく当時の他の学派とその立場が違うことを語ったものでありましょう。

自分自身についていいましたことばは、ほかにもいろいろ見えるのでありまして、こうもいっております。「子曰、我非生而知之者」〈子曰わく、我れは生まれながらにして之れを知る者に非ざるなり〉私は天才ではない、生まれながらにして知る者ではない、「好古敏以求之者也」〈古を好み、敏以って之れを求むる者なり〉過去の事柄をいろいろと研究することを好んで、その中から敏感に人間の道を求めてゆく者である。

あるいはまた〈述べて作らず〉私はただ祖述するだけで、何も創作をするわけではない、〈信じて古を好む〉古代的な事柄、その中に真実があるということを信じて、それを好むものである。

あるいはまた「蓋有不知而作之者」〈蓋し知らずして之れを作す者有り〉充分な知識をもたずに行動を起こす者がある、そういう人間も世の中にはいる、しかし「我無是也」〈我れは是れ無きなり〉私にはそういう点はないのだ、そうもいっております。

さらにまた強いことばといたしまして、本を読んでの学問、それとただの思索、純粋に思弁的な思索、その二つの価値を比べまして、こうもいっております。「子曰、吾嘗終日不食」〈子曰わく、吾れ嘗つて終日食らわず〉一日じゅう、ものも食べず、「終夜不寝」〈終夜寝ねず〉夜通し寝ずに、「以思」〈以って思う〉そうして思索した、しかし「無益」〈益無し〉その結果はあまり利益があると思わなかった、「不如学也」〈学ぶに如かざるなり〉本を読むことには及ばなかった。そういっております。ほかの書物ではそれがもっと誇張された、強いことばになりまして、「吾嘗終日而思矣、不如須臾之所学也」〈吾れ嘗つて終日にして思いぬ、須臾の学ぶ所に如かざるなり〉。ちょっとの間でも本を読むのに及ばない、そういうことばにもなっておりますが、読書と思索ということについての孔子の態度はそのようでありました。

もっとも一方では、「学而不思則罔」〈学びて思わざれば則ち罔し〉ただ本を読むだけで思索を伴なわない読書というものはでたらめになる、そうもいっております。読書というものは、思索の前提としての読書でなければならない、〈学びて思わざれば則ち罔し〉そうもいっておりますが、そこにはそれに続けて「思而不学則殆」〈思うて学ばざれば則ち殆し〉思索をするだけで読書をしなければ、それは危険である、主観的な危険な方向へ走ってしまう、大体そのような方向のことばでありますが、そういうふうにも丁寧に戒めております。

こうした学問の尊重ということは、もう一つの政治の尊重、人間が愛情を相互に働かせますには、よき政治が必要であるという形での政治の尊重、そのことと相並んで孔子の学説の中で最も重要なものと思われます。政治の尊重のほうにつきましては、私は政治のことはよくわかりませんので、充分に理解することができませんけれども、学問の尊重のほうについては、私は完全に孔子の教えに従いたいと思っております。

さらにまた、孔子が申します学問、その内容はどういうものであったかと申しますと、文学についての勉強を含んでいるということは、これまたたいへん重要なことであります。少し歴史的に申しますと、中国の古代におきまして、文学というものは必ずしも普遍的に価値を認められるものではなかったように思います。孔子と対立する学派でありました墨子（ぼくし）の学派なんかでは、これは直接に文学を否定してはおりませんが、音楽というものを否定しております。音楽というものは無用な消費だといっておりますこと、いつか申した通りでありますが、それと関連して、墨子などは文学というものにもあまり価値を認めなかったと思います。ところが、孔子は弟子たちに教えますに常に「詩経」を重視いたします。「論語」の中にも〈唐棣（とうてい）の華、偏（へん）として其れ反（かえ）れり、豈（あ）に爾（なんじ）を思わざらんや、室の是れ遠し〉という恋歌をとりあげまして、それを政治なり学問なり道徳への人間の努力のたとえとしてではありますけれども、〈未だ思わざるのみ〉それは思い詰めないからだ、〈何の遠きことか之れ有らん〉思い詰めさえすれば、恋人の家と同じく、人間の到達したい目標が、遠いなどということがどうしていえるかというふうに、比喩としてではありますけれども、常に「詩」つまり当時の文学であります歌謡を重視しております。それはおそらく単にそうした学問なり道徳なり政治の比喩として重視したばかりではないのでありましょう、文学というものには最も純粋な人間の感情があらわれているということばもあります。「子曰、詩三百、一言以蔽之、曰、思無邪」〈子曰わく、詩三百、一言以って之れを蔽えば、曰わく、思い邪無し〉そこには不純粋な感情はないと、そういっております。

あるいはまた弟子たちにむかって、「小子何莫学夫詩」〈小子何んぞ夫の詩を学ぶ莫きや〉若者たちよ、なぜ詩の勉強をしないのか、「詩可以興、可以観、可以羣、可以怨」〈詩は以って興こす可く、以って観る可く、以って群す可く、以って怨む可し〉詩というものはそれによっていろいろな興奮を得ることができる、またいろいろ世の中の状態を観察することができる、人間の連帯感を深める、普通の論理、普通の散文では到達することができない切迫した感情を得ることができる、そういうふうに文学の価値を認めている。おそらく中国において文学の価値をこんなに認めた最初の人は、孔子であるといって差しつかえないでありましょう。

また、これは書物を読むのとは少し別のことになりますが、音楽に対しての敏感、尊重ということも、前に申し上げたとおりであります。人間の教養の順序といたしまして、「子曰、興於詩」〈子曰わく、詩に興こり〉教養の最初は文学にある、「立於礼」〈礼に立つ〉その骨格をつくるものは社会生活の法則を知ることである、その次にことばを継ぎまして「成於楽」〈楽に成る〉その完成は音楽においてこそあるとさえもいっております。

ところで、このような点で孔子の指さします方向は、これは一つの文化主義であるということができます。ですから、往往にして誤解されますように、偏狭な教条的な倫理の書物、偏狭な道徳の書物、そういうふうに理解するのは、この書物の見方として正しいものと思えないのであります。少なくとも完全な見方とは思えません。道徳を教えるとともに「論語」の特質としてありますのは、その詩としての、文学としての性質であります。私は文学的言語というものは、単に論理の世界の中のことがらをいうだけでなしに、論理の世界を越えまして、論理では追跡し得ない無限定な世界、それへの消息を伝えるものが文学であると考えておりますが、「論語」はそういう性質をもっております。それは倫理の書物、道徳の書物でないことはありません。むろんそうであります。しかしながら、たとえば〈子、川の上に在りて曰わく、逝く者は斯くの如し、昼夜を舎かず〉ということば、これは人間の進歩をいうことばである、あるいはまた人間の生活に必然的に起こる推移を悲観的にいうことばである、いややはりそうではない、楽観のことばであると、いろいろ説は分かれておりますが、そうした説を越えまして、つまり論理で追跡し得る範囲を越えまして、〈逝く者は斯くの如し〉ということばは、論理では追跡し得ない、しかも人間にとってたいへん重要なもの、それを示唆するように思います。「論語」はそのように詩として読まれ、文学として読まれる性質を、もっており、またそのように読むことが「論語」の正しい読み方、あるいは完全な読み方であると思います。

ところで、中国では、少なくとも中国の大陸では、ただいま文化大革命の激しい動きがございまして、従来は多くの人が読んでおりましたこの書物が、あるいはやはり旧文化の一つとして、しばらくは読まれなくなるかもしれません。「論語」が読まれなくなるという事実は、別に中国だけにあるのではないのでありまして、明治維新以来の日本もそうであったかもしれません。人間の歴史というものはいろいろ変化するものでありますから、いろいろな時期が起こるでありましょう。しかしながら「論語」という書物が少なくともわれわれのたいへん身近な生活についてよい教訓を与える、教訓というとまたかたくなりますが、単に教訓とはいえない示唆を与える書物であるという性質は、変わらないように思います。私などは大たい「論語」によって生活するといってもよい面をもっているのでありまして、これは孔子自身のことばではなしに、孔子の弟子の曾子、曾参のことばとして、「論語」の第一篇「学而」に見えることばでありますが、「吾日三省吾身」〈吾れ日に三たび吾が身を省りみる〉あるいは〈三つのことについて吾が身を省りみる〉三つの点で毎日自分自身を反省する。その三つはどういうことであるかと申しますと、第一は「為人謀而不忠乎」〈人の為に謀りて忠ならざるか〉人から相談を受けて、相談に乗ってあげながら忠実に考えていないということはないか、人から頼まれたことを引き受けておきながら忠実に実行していないということはないか、〈人の為に謀りて忠ならざるか〉。それが第一であります。「与朋友交而不信乎」〈朋友と交わりて信あらざるか〉友だちとの交際で何か不誠実なことをしていないか、それが第二であります。第三については読み方が分かれるのでありますが、一つの読み方では、自分がよく理解していないことを人に語り伝えてはいないかという、そういう意味に読みます場合は「伝不習乎」〈習わざるを伝うるか〉であります。もう一つの読み方として、古典の勉強を怠っていないか、そういう意味に読みますときは、〈伝習わざるか〉と読みます。〈習わざるを伝うるか〉と〈伝〉の字を動詞に読みますか、あるいは〈伝、習わざるか〉と〈伝〉の字を名詞に読みますか、説が分かれますが、要するに勉強を怠ってあやふやなことを人さまにいっていやしないか、それが曾子が毎日反省する第三の点であります。私などは、毎日このことばを考えております。私は、もはや明治までの人のように、「論語」の全文を暗誦してはおりません。そのためにこのお話も、しばしばあやふやなことを申したと思います。〈伝を習って〉いないようであります。また理解があやふやであるために、充分に自信のないことをも、そうでないように申したようであります。〈習わざるを伝うるか〉でもあったようであります。また〈人の為に謀りて忠ならざるか〉このお話の依頼を受けて、しかもいいお話をしていないとすれば、〈人の為に謀って忠〉でなかったわけであります。そうして聴取者の皆さんとの間がらとしては、〈朋友と交わりて信〉がなかったかもしれません。そういう反省をこのお話の終わりにも私にさせるほど、この「論語」という書物がたいへん私どもに身近な書物であるという性質は、歴史のいろいろな波を越えて変わらないと思います。

では、一月にわたりました私のお話を終わります。さようなら。

本書は、一九六六年八月にNHKラジオで放送されたものである。テキストは、この放送をはじめて収録した『吉川幸次郎全集』第五巻所収の「古典講座「論語」」（一九七〇年五月三〇日刊行）に拠った。

ちくま学芸文庫

「論語」の話

二〇〇八年一月十日　第一刷発行
二〇一八年十二月十日　第四刷発行

著者　吉川幸次郎（よしかわ・こうじろう）
発行者　喜入冬子
発行所　株式会社　筑摩書房
東京都台東区蔵前二―五―三　〒一一一―八七五五
電話番号　〇三―五六八七―二六〇一（代表）
装幀者　安野光雅
印刷所　明和印刷株式会社
製本所　株式会社積信堂

ISBN978-4-480-09121-5 C0110